Bayerisches Jagdgesetz

(BayJG)

Impressum

© GROELSV – Verlag, Hans-Much-Weg 14, 20249 Hamburg, Telefon: 040/ 32030598; - Redaktion GROELSV

Wir sind bemüht, ein ansprechendes Produkt zu gestalten, dass vernünftigen Ansprüchen an das Preis/Leistungsverhältnis gerecht wird. Buchbewertungen, z. B. über den Distributor Amazon sind ausdrücklich erwünscht. Konstruktive Anregungen nutzen wir gerne, um künftige Auflagen zu ergänzen und anzupassen.

Inhaltsverzeichnis

3

Bayerisches Jagdgesetz
(BayJG)

Stand: letzte berücksichtigte Änderung: mehrfach geänd. (§ 1 Nr. 405 V v. 22.7.2014, 286)

I. Abschnitt

Grundsätze

Art. 1

Gesetzeszweck

(1) [1] Die freilebende Tierwelt ist wesentlicher Bestandteil der heimischen Natur. [2] Sie ist als Teil des natürlichen Wirkungsgefüges in ihrer Vielfalt zu bewahren.

(2) Dieses Gesetz soll neben dem Bundesjagdgesetz[1)] dazu dienen:

1.
    einen artenreichen und gesunden Wildbestand in einem ausgewogenen Verhältnis zu seinen natürlichen Lebensgrundlagen zu erhalten,
2.
    die natürlichen Lebensgrundlagen des Wildes zu sichern und zu verbessern,
3.
    Beeinträchtigungen einer ordnungsgemäßen land-, forst- und fischereiwirtschaftlichen Nutzung durch das Wild möglichst zu vermeiden, insbesondere soll die Bejagung die natürliche Verjüngung der standortgemäßen Baumarten im Wesentlichen ohne Schutzmaßnahmen ermöglichen,
4.
    die jagdlichen Interessen mit den sonstigen öffentlichen Belangen, insbesondere mit den Belangen der Landeskultur, des Naturschutzes und der Landschaftspflege auszugleichen.

Fußnoten

1)

Art. 2

Staatliche Aufsicht und Förderung

(1) Der Staat ordnet und beaufsichtigt das gesamte Jagdwesen und schützt die Jagd als Kulturgut.

(2) [1] Das Jagdwesen wird aus dem Aufkommen der Jagdabgabe (Art. 26 und 27) gefördert. [2] Die Förderung nach anderen Vorschriften und Programmen bleibt unberührt.

II. Abschnitt

Jagdreviere, Hegegemeinschaften

1. Allgemeine Vorschriften

ART. 3

FESTSTELLUNG DER JAGDREVIERE

Bestand, Umfang und Grenzen eines Jagdreviers (Jagdbezirks) werden, falls erforderlich, durch die Jagdbehörde festgestellt.

ART. 4

GESTALTUNG DER JAGDREVIERE

(1) [1] Jagdreviere sind durch Abtrennung, Angliederung oder Austausch von Grundflächen abzurunden, wenn Jagdpflege und Jagdausübung dies erfordern. [2] Bei der Abrundung soll die Gesamtgröße der Jagdreviere möglichst wenig verändert werden; Möglichkeiten eines Flächenausgleichs sind auszuschöpfen. [3] Durch Abrundung darf ein Jagdrevier seine gesetzliche Mindestgröße (Art. 8 Abs. 1, Art. 10 Abs. 1) nicht verlieren.

(2) [1] Die Abrundung kann durch Vereinbarung der Beteiligten (Jagdgenossenschaft, Eigentümer oder Nutznießer eines Eigenjagdreviers) oder von Amts wegen vorgenommen werden. [2] Die Vereinbarung bedarf der Schriftform und der Zustimmung der Jagdbehörde.

(3) [1] Ist die Ausübung des Jagdrechts auf einer anzugliedernden oder abzutrennenden Grundfläche verpachtet, so darf während der Pachtdauer eine Abrundungsmaßnahme nur mit Zustimmung der Parteien des Jagdpachtvertrags durchgeführt werden. [2] Wird der Abrundung nicht zugestimmt, so wird diese erst mit der Beendigung des Jagdpachtverhältnisses der nichtzustimmenden Vertragspartei, bei mehreren nichtzustimmenden Vertragsparteien mit Beendigung des am längsten laufenden Jagdpachtvertrags der nichtzustimmenden Vertragsparteien wirksam. [3] Der Zustimmung bedarf es insoweit nicht, als Jagdpachtverträge vor ihrem Ablauf verlängert oder neu abgeschlossen werden und im Zeitpunkt der Verlängerung oder des Neuabschlusses ein Abrundungsverfahren bereits anhängig ist.

ART. 5

PACHTPREISREGELUNG UND ENTSCHÄDIGUNG
BEI ANGLIEDERUNG VON FLÄCHEN

(1) Wird eine Grundfläche während der Laufzeit eines Jagdpachtvertrags einem Jagdrevier angegliedert oder von diesem abgetrennt, so erhöht oder ermäßigt sich der Pachtpreis entsprechend der Größe der angegliederten oder abgetrennten Fläche, falls nicht die Beteiligten etwas anderes vereinbaren.

(2) [1] Wird eine Grundfläche einem Eigenjagdrevier angegliedert, so hat der Eigentümer der Grundfläche gegen den Eigentümer oder Nutznießer des Eigenjagdreviers einen Anspruch auf eine Entschädigung. [2] Diese bemißt sich, wenn das Eigenjagdrevier verpachtet ist, nach Absatz 1. [3] Ist das Eigenjagdrevier nicht verpachtet, so setzt, wenn sich die Beteiligten über die Höhe der Entschädigung nicht einigen, die Jagdbehörde eine angemessene Entschädigung fest. [4] Auf das Rechtsverhältnis zwischen dem Eigentümer der Grundflächen und dem Eigentümer oder Nutznießer des Eigenjagdreviers finden im übrigen die Vorschriften des Bürgerlichen Gesetzbuchs[2] über die Pacht sinngemäß Anwendung, soweit nichts anderes vereinbart ist.

Fußnoten

2)

BGBl. FN 400-2

ART. 6

BEFRIEDETE BEZIRKE; RUHEN DER JAGD

(1) Befriedete Bezirke (§ 6 des Bundesjagdgesetzes[1]) sind:

1.

    Gebäude, die zum Aufenthalt von Menschen dienen, und Gebäude, die mit solchen Gebäuden räumlich zusammenhängen,

2.

    Hofräume und Hausgärten, die unmittelbar an eine Behausung im Sinn der Nummer 1 anschließen und durch eine Umfriedung begrenzt sind,

3.

    sonstige überbaute Flächen im Geltungsbereich eines Bebauungsplans und Flächen innerhalb der im Zusammenhang bebauten Ortsteile,

4.

    Friedhöfe,

5.

    Tiergärten.

(2) [1] Darüber hinaus kann die Jagdbehörde für befriedet erklären:

1.

    sonstige Flächen im Geltungsbereich eines Bebauungsplans mit Ausnahme der in § 9 Abs. 1 Nr. 18 des Bundesbaugesetzes[3] genannten Flächen,

2.

    Grundflächen, die gegen das Ein- oder Auswechseln von Wild - ausgenommen Federwild, Wildkaninchen und Raubwild - und gegen unbefugten Zutritt von Menschen dauernd abgeschlossen und deren Eingänge absperrbar sind.

[2] Auf Wildgehege (Art. 23 Abs. 1), die jagdlichen Zwecken dienen, und auf Wintergatter (Art. 25) findet Satz 1 keine Anwendung.

(3) [1] In befriedeten Bezirken kann die Jagdbehörde dem Eigentümer, dem Nutzungsberechtigten, dem Revierinhaber oder deren Beauftragten bestimmte Jagdhandlungen unter Beschränkung auf bestimmte Wildarten und auf eine bestimmte Zeit gestatten. [2] Eines Jagdscheins bedarf es nicht. [3] Jagdhandlungen mit der Schußwaffe dürfen dem Eigentümer, dem Nutzungsberechtigten oder einem Beauftragten nur gestattet werden, wenn diese im Besitz eines gültigen Jagdscheins oder für den Gebrauch von Schußwaffen im Sinn des § 17 Abs. 1 Nr. 4 des Bundesjagdgesetzes[1] ausreichend versichert sind. [4] Die waffenrechtlichen Vorschriften bleiben unberührt. [5] Das Aneignungsrecht hat derjenige, dem oder dessen Beauftragten die Jagdhandlung gestattet wurde.

(4) [1] Mit Zustimmung der Jagdbehörde kann der Eigentümer oder Nutznießer des Eigenjagdreviers oder die Jagdgenossenschaft die Jagd ruhen lassen. [2] Die Zustimmung darf nur erteilt werden, wenn dadurch die Verwirklichung der in Art. 1 Abs. 2 genannten Ziele nicht gefährdet wird.

Fußnoten

1)

BGBl. FN 792-1

3)

BGBl. FN 213-1

ART. 7

VERANTWORTLICHER REVIERINHABER

(1) [1] Derjenige, dem die Ausübung des Jagdrechts in einem Jagdrevier zusteht (Jagdausübungsberechtigter), ist verpflichtet, dort das Jagdrecht auszuüben. [2] Er ist der für die Ausübung des Jagdrechts einschließlich des Jagdschutzes verantwortliche Revierinhaber.

(2) [1] Ist der Eigentümer oder Nutznießer eines Eigenjagdreviers eine Personenmehrheit, eine juristische Person oder nichtjagdpachtfähig (§ 11 Abs. 5 des Bundesjagdgesetzes[1)]), so hat er der Jagdbehörde eine oder mehrere jagdpachtfähige Personen als im Sinn des Absatzes 1 Satz 2 verantwortliche Personen zu benennen, wenn die Jagd nicht durch Verpachtung ausgeübt wird. [2] Es dürfen nicht mehr Personen als verantwortlich benannt werden als nach Art. 15 Abs. 1 Jagdpächter sein dürfen.

(3) Absatz 2 gilt sinngemäß, wenn und solang der Revierinhaber aus Gründen, die in seiner Person liegen, an der Ausübung des Jagdrechts einschließlich des Jagdschutzes längere Zeit verhindert ist.

(4) Mitpächter oder mehrere für ein Jagdrevier verantwortliche Personen im Sinn des Absatzes 2 haben auf Verlangen der Jagdbehörde einen von ihnen als Bevollmächtigten zu benennen, der gegenüber der Jagdbehörde in allen die Jagdausübung in dem Jagdrevier betreffenden Angelegenheiten zur Abgabe und Entgegennahme von Erklärungen sowie zum Empfang von Urkunden und Sachen berechtigt ist.

Fußnoten

1)

BGBl. FN 792-1

2. Jagdreviere

ART. 8

EIGENJAGDREVIERE

(1) [1] Die Mindestgröße eines Eigenjagdreviers beträgt 81,755 ha, im Hochgebirge mit seinen Vorbergen 300 ha.[2] Grundflächen, die kein Jagdrevier bilden und von mehreren Eigenjagdrevieren umschlossen werden, sind durch die Jagdbehörde einem oder mehreren dieser angrenzenden Jagdreviere anzugliedern; werden sie nur von einem Eigenjagdrevier umschlossen, so sind sie dessen Bestandteil. [3] Die Art. 4 Abs. 3, Art. 5 Abs. 2 und Art. 11 Abs. 6 (Angliederungsgenossenschaft) sind entsprechend anzuwenden.

(2) [1] Eigenjagdreviere können mit Zustimmung der Jagdbehörde in mehrere selbständige Jagdreviere aufgeteilt werden. [2] Die Jagdbehörde darf nur zustimmen, wenn jeder Teil für sich die Mindestgröße von 250 ha, im Hochgebirge mit seinen Vorbergen von 500 ha hat, und wenn jedes Teilrevier eine ordnungsgemäße Jagdausübung gestattet.

ART. 9

STAATSJAGDREVIERE

(1) Staatsjagdreviere sind die Eigenjagdreviere des Freistaates Bayern mit den angegliederten und ausschließlich der abgetrennten Grundflächen.

(2) [1] Der Staat übt das Jagdrecht selbst oder durch Verpachtung aus, soweit nicht der Bayerischen Staatsforsten das Jagdausübungsrecht gemäß Art. 4 Abs. 1 des Staatsforstengesetzes zusteht. [2] Übt der Staat das Jagdrecht selbst aus, findet Art. 7 Abs. 2 keine Anwendung.

(3) Inhaber eines gültigen Jagdscheins können in den nichtverpachteten Staatsjagdrevieren neben dem Personal, durch das der Staat die Jagd ausüben läßt, als Jagdgäste zur Jagdausübung zugelassen werden; Jäger ohne ständige Jagdmöglichkeit auch durch Ausgabe befristeter Jagderlaubnisscheine.

ART. 10

GEMEINSCHAFTSJAGDREVIERE

(1) [1] Die Mindestgröße eines Gemeinschaftsjagdreviers beträgt 250 ha, im Hochgebirge mit seinen Vorbergen 500 ha. [2] Befriedete Bezirke zählen bei der Berechnung der Mindestgröße nicht mit.

(2) [1] Die außerhalb eines Gemeinschaftsjagdreviers liegenden Grundflächen eines Gemeindegebiets oder eines gemeindefreien Gebiets sind durch die Jagdbehörde angrenzenden Jagdrevieren anzugliedern, sofern sie nicht nach § 8

Abs. 2 des Bundesjagdgesetzes[1]) zu einem Gemeinschaftsjagdrevier zusammengelegt werden. [2] Werden solche Flächen von einem Jagdrevier ganz umschlossen, so sind sie dessen Bestandteil. [3] Art. 4 Abs. 3 ist entsprechend anzuwenden.

(3) Einem Antrag auf Zusammenlegung zusammenhängender Grundflächen zu einem Gemeinschaftsjagdrevier ist unter den Voraussetzungen des § 8 Abs. 2 des Bundesjagdgesetzes stattzugeben, wenn er von der Mehrheit der Grundstückseigentümer jeder der beteiligten Gemeinden gestellt wird und die Antragsteller in ihrer Gemeinde jeweils gemeinsam über mehr als die Hälfte der zusammenhängenden Grundflächen verfügen.

(4) Die Teilung eines Gemeinschaftsjagdreviers in mehrere selbständige Jagdreviere (§ 8 Abs. 3 des Bundesjagdgesetzes) darf die Jagdbehörde nur zulassen, wenn die Jagdgenossenschaft dies beschlossen hat und jeder Teil für sich die gesetzliche Mindestgröße (Absatz 1) hat und eine ordnungsgemäße Jagdausübung gestattet.

Fußnoten

1)

BGBl. FN 792-1

ART. 11

JAGDGENOSSENSCHAFT

(1) [1] Die Jagdgenossenschaft (§ 9 des Bundesjagdgesetzes[1])) ist eine

14

Körperschaft des öffentlichen Rechts. [2] Sie untersteht der staatlichen Aufsicht der Jagdbehörden. [3] Diese haben ihr gegenüber die gleichen Befugnisse, wie sie den kommunalen Aufsichtsbehörden gegenüber den Gemeinden in Angelegenheiten des eigenen Wirkungskreises zustehen.

(2) [1] Die Jagdgenossenschaft hat eine Satzung zu beschließen, die der Genehmigung der Jagdbehörden bedarf. [2] Erläßt das Staatsministerium für Ernährung, Landwirtschaft und Forsten Satzungsmuster, so ist eine Satzung von der Genehmigungspflicht befreit, wenn sie keine oder nur solche Abweichungen enthält, die im Satzungsmuster selbst vorgesehen sind; in diesem Fall soll die Satzung spätestens vier Wochen vor ihrem Inkrafttreten der Jagdbehörde vorgelegt werden. [3] Die Satzung ist ortsüblich bekanntzumachen. [4] Das Staatsministerium für Ernährung, Landwirtschaft und Forsten wird ermächtigt, durch Rechtsverordnung Mindestanforderungen für die Satzungen aufzustellen, in denen auch Vorschriften über die Verwaltung des Vermögens der Jagdgenossenschaften enthalten sein sollen. [5] Kommt die Jagdgenossenschaft der Aufforderung der Jagdbehörde zum Erlaß einer Satzung nicht innerhalb einer ihr gesetzten angemessenen Frist nach, so erläßt die Jagdbehörde eine Satzung für die Jagdgenossenschaft.

(3) [1] Die Jagdgenossenschaft kann für ihren durch die sonstigen Einnahmen nicht gedeckten Bedarf Umlagen von den Jagdgenossen erheben. [2] Die Umlagen können von der Jagdgenossenschaft wie Kommunalabgaben beigetrieben werden.

(4) Die Kosten der vorübergehenden Geschäftsführung (§ 9 Abs. 2 Satz 3 des Bundesjagdgesetzes) bis zur Wahl des Jagdvorstands trägt die Jagdgenossenschaft.

(5) Gehören zu einem Gemeinschaftsjagdrevier Flächen verschiedener Gemeinden oder gemeindefreier Gebiete, so nimmt der Bürgermeister der Gemeinde, in deren Gebiet der größte Flächenanteil des Gemeinschaftsjagdreviers liegt, nach § 9 Abs. 2 Satz 3 des Bundesjagdgesetzes bis zur Wahl des Jagdvorstands dessen Geschäfte wahr.

(6) [1] Besteht die einem Eigenjagdrevier angegliederte Grundfläche aus mehreren selbständigen Grundstücken, die im Eigentum von mehr als 15 Personen stehen, so bilden diese Personen zur Vertretung ihrer Rechte, die sich aus der Angliederung ergeben, eine Jagdgenossenschaft (Angliederungsgenossenschaft). [2] Auf die Angliederungsgenossenschaft finden die §§ 9 und 10 Abs. 3 des Bundesjagdgesetzes und die Absätze 1 bis 5 sinngemäß Anwendung.

Fußnoten

1)

   BGBl. FN 792-1

ART. 12

JAGDNUTZUNG

(1) [1] Die Jagdgenossenschaft kann die Verpachtung insbesondere auf den Kreis der Jagdgenossen (§ 10 Abs. 1 Satz 2 des Bundesjagdgesetzes[1]) oder der jagdpachtfähigen Personen beschränken, die ihre Hauptwohnung in einer bestimmten Höchstentfernung zum Jagdrevier haben. [2] Sie kann außerdem ihre Zustimmung zur Weiter- und Unterverpachtung sowie zur Erteilung entgeltlicher

Dauerjagderlaubnisscheine (Art. 15 Abs. 2, Art. 17 Abs. 2 Satz 1) davon abhängig machen, daß ortsansässige jagdpachtfähige Personen angemessen berücksichtigt werden. [3] Die Inhaber von Dauerjagderlaubnisscheinen sind dem Jagdvorsteher mitzuteilen. [4] Das Staatsministerium für Ernährung, Landwirtschaft und Forsten wird ermächtigt, durch Rechtsverordnung Vorschriften über die Art der Verpachtung von Gemeinschaftsjagdrevieren (z.b. öffentliche Versteigerung, öffentliche Ausbietung, freihändige Vergabe) und das dabei anzuwendende Verfahren zu erlassen.

(2) Wird die Jagd durch angestellte Jäger ausgeübt, so dürfen nicht mehr Personen angestellt werden, als nach Art. 15 Abs. 1 Jagdpächter sein dürfen.

Fußnoten

1)

BGBl. FN 792-1

3. Hegegemeinschaften

ART. 13

AUFGABEN UND RÄUMLICHER WIRKUNGSBEREICH DER HEGEGEMEINSCHAFTEN

(1) Die Revierinhaber von zusammenhängenden Jagdrevieren, die einen bestimmten Lebensraum für das Wild umfassen, können eine Hegegemeinschaft bilden, um eine ausgewogene Hege der vorkommenden Wildarten und eine einheitliche großräumige Abschußregelung zu ermöglichen (§ 10a Abs. 1 des

Bundesjagdgesetzes).

(2) [1] Zu den Aufgaben einer Hegegemeinschaft zählen insbesondere

1.

Hegemaßnahmen in den einzelnen Jagdrevieren abzustimmen und gemeinsam durchzuführen,

2.

bei der Wildbestandsermittlung mitzuwirken,

3.

die Abschußplanvorschläge aufeinander abzustimmen,

4.

auf die Erfüllung der Abschußpläne hinzuwirken.

[2] An den Beratungen der Hegegemeinschaften, bei denen sich die Mitglieder auch vertreten lassen können, sind die Jagdvorstände der beteiligten Jagdgenossenschaften und die Inhaber der verpachteten Eigenjagdreviere zu beteiligen. [3] Soweit Abschußpläne vom Revierinhaber nicht im Einvernehmen mit dem Jagdvorstand oder dem Inhaber des Eigenjagdreviers aufgestellt worden sind, hat die Hegegemeinschaft auf eine einvernehmliche Abschußplanung hinzuwirken (§ 21 Abs. 2 Sätze 3 und 4 des Bundesjagdgesetzes und Art. 32 Abs. 1 Satz 1 dieses Gesetzes).

(3) Die Mitglieder der Hegegemeinschaft wählen in der Regel aus dem Kreis der ihr angehörenden Revierinhaber für eine bestimmte Amtszeit einen Vorsitzenden und einen Stellvertreter, die zuverlässig, jagdlich erfahren und mit den Verhältnissen in der Hegegemeinschaft vertraut sein sollen.

(4) [1] Das Staatsministerium für Ernährung, Landwirtschaft und Forsten wird ermächtigt, durch Rechtsverordnung Vorschriften zu erlassen, über die Abgrenzung des räumlichen Wirkungsbereiches der Hegegemeinschaften und die Mitwirkung der anerkannten Vereinigungen der Jäger (Art. 51) dazu, ferner über die Abgabe von Empfehlungen der Hegegemeinschaften zur Abschussplanung und ihre Mitwirkung bei der Erfüllung der Abschusspläne. [2] Dabei kann die Zuständigkeit für die Abgrenzung des räumlichen Wirkungsbereichs der Hegegemeinschaft auf nachgeordnete Jagdbehörden übertragen werden.

(5) Beteiligt sich ein Revierinhaber nicht an der Hegegemeinschaft, so gibt der Vorsitzende der Hegegemeinschaft, in deren räumlichen Wirkungsbereich das Jagdrevier liegt, eine Empfehlung zur Abschußplanung ab, die dem Revierinhaber und der Jagdgenossenschaft oder, bei verpachteten Eigenjagdrevieren, dem Inhaber des Eigenjagdreviers sowie der Jagdbehörde zuzuleiten ist.

III. Abschnitt

Beteiligung Dritter
an der Ausübung des Jagdrechts

Art. 14

Verpachtung von Teilen eines Jagdreviers;

Mindestpachtzeit; Beanstandungsverfahren;

Änderung von Jagdpachtverträgen

(1) [1] Die Verpachtung eines Teils eines Jagdreviers bedarf der Zustimmung der Jagdbehörde. [2] Die für die Teilung von Jagdrevieren vorgeschriebenen Mindestgrößen gelten entsprechend. [3] Die Jagdbehörde darf der Teilverpachtung nur zustimmen, wenn sowohl der verpachtete als auch der verbleibende Teil eine ordnungsgemäße Jagdausübung gestattet. [4] Die Jagdbehörde kann die Verpachtung eines Teils von geringerer Größe an den Revierinhaber eines angrenzenden Jagdreviers zulassen, wenn dies einer besseren Reviergestaltung dient.

(2) [1] Die Mindestpachtzeit beträgt für Niederwildreviere neun Jahre, für Hochwildreviere zwölf Jahre. [2] Die Jagdbehörde kann im Fall des Absatzes 1 Satz 4 oder für die Aufnahme eines Mitpächters oder sonst, wenn besondere Gründe vorliegen, ausnahmsweise eine kürzere Pachtzeit zulassen.

(3) Eine juristische Person des öffentlichen Rechts, die Inhaber eines oder mehrerer Eigenjagdreviere ist und Flächen zur Jagdausübung zupachten will, kann Jagdpächter sein.

(4) [1] Ein Jagdpachtvertrag kann nach § 12 des Bundesjagdgesetzes[1)] auch beanstandet werden, wenn im Verfahren bei der Verpachtung von Gemeinschaftsjagdrevieren zwingende Vorschriften der nach Art. 12 Abs. 1 Satz 4 erlassenen Rechtsverordnung verletzt worden sind. [2] Das gleiche gilt, wenn zu erwarten ist, daß der Jagdpächter nicht die Gewähr für eine den Zielen des Art. 1

Abs. 2 entsprechende Jagdausübung bietet.

(5) Die Bestimmungen über den Jagdpachtvertrag gelten sinngemäß für die Änderung oder Verlängerung eines Jagdpachtvertrags.

Fußnoten

1)

BGBl. FN 792-1

Art. 15

Mehrzahl von Jagdpächtern

(1) [1] Die Zahl der Jagdpächter wird bei Jagdrevieren mit einem Umfang bis zu 250 ha, im Hochgebirge mit seinen Vorbergen bis zu 500 ha auf zwei beschränkt (Mitpacht); in größeren Jagdrevieren ist für je weitere angefangene 250 ha, im Hochgebirge mit seinen Vorbergen für je weitere angefangene 500 ha ein weiterer Pächter zulässig. [2] Bei der Berechnung der nach Satz 1 erforderlichen Reviergrößen bleiben die befriedeten Bezirke außer Betracht.

(2) [1] Die Bestimmungen über den Jagdpachtvertrag gelten mit Ausnahme des Art. 14 Abs. 2 Satz 1 auch für die Weiter- und Unterverpachtung. [2] In diesen Fällen darf die Zahl der jagdausübungsberechtigten Personen die zulässige Zahl der Jagdpächter nach Absatz 1 nicht überschreiten.

Art. 16

Pachthöchstfläche; Eintragung in den Jagdschein

(1) [1] Die Gesamtfläche, auf der einem Jagdpächter die Ausübung des Jagdrechts zusteht, darf im Hochgebirge mit seinen Vorbergen nicht mehr als 2000 ha umfassen (§ 11 Abs. 3 Satz 4 des Bundesjagdgesetzes[1)]). [2] Bei Anpachtungen im Hochgebirge mit seinen Vorbergen und außerhalb sind die Pachtflächen im Verhältnis zu den zulässigen Pachthöchstflächen aufeinander anzurechnen.

(2) Auf den vertraglichen Flächenanteil eines Mitpächters (§ 11 Abs. 3 Satz 3 des Bundesjagdgesetzes) ist mindestens die Fläche anzurechnen, die bei Teilung der Fläche des Jagdreviers durch die nach Art. 15 Abs. 1 zulässige Zahl der Jagdpächter auf den einzelnen entfällt.

(3) [1] Wer die Erteilung oder Verlängerung eines Jahresjagdscheins beantragt, hat dabei schriftlich anzugeben, ob er

1.

als Inhaber eines Eigenjagdreviers,

2.

als Jagdpächter oder Unterpächter oder

3.

als Mitpächter

in einem Jagdrevier zur Jagdausübung befugt ist und für welche Flächen, im Fall der Nummer 3 die anteilig auf ihn entfallende Fläche (§ 11 Abs. 3 Satz 3 des Bundesjagdgesetzes). [2] Die Jagdbehörde kann die Erteilung oder Verlängerung des Jagdscheins aussetzen, bis die Angaben gemacht sind. [3] Sie hat die Flächen in den Jagdschein einzutragen. [4] Sie kann die Vorlage des Jagdpachtvertrags oder sonstige Nachweise verlangen.

Fußnoten

1)

BGBl. FN 792-1

Art. 17

Jagderlaubnis

(1) [1] Der Revierinhaber kann einem Dritten (Jagdgast) eine Jagderlaubnis erteilen. [2] Diese kann auch beschränkt erteilt werden. [3] Bei mehreren Revierinhabern muß die Jagderlaubnis von allen Revierinhabern erteilt werden. [4] Die Revierinhaber können sich gegenseitig zur Erteilung von Jagderlaubnissen schriftlich bevollmächtigen.

(2) [1] Auf die entgeltliche Erteilung einer Jagderlaubnis sind § 11 Abs. 4 Satz 1 und Abs. 5, §§ 12 und 13 des Bundesjagdgesetzes[1)] und Art. 15 Abs. 1 und Art. 16 dieses Gesetzes entsprechend anzuwenden. [2] Dies gilt nicht für eine vorübergehende Überlassung der Jagdausübung.

(3) Soweit der Jagdgast bei der Jagdausübung nicht von einem Revierinhaber, einem angestellten Jäger oder Jagdaufseher begleitet wird, hat er eine auf seinen Namen lautende schriftliche Jagderlaubnis bei sich zu führen, die er auf Verlangen den Jagdschutzberechtigten (§ 25 des Bundesjagdgesetzes, Art. 40 Abs. 2 und Art. 41) zur Prüfung auszuhändigen hat.

23

(4) Der Jagdgast ist nicht Jagdausübungsberechtigter im Sinn des Bundesjagdgesetzes und dieses Gesetzes.

(5) Angestellte Jäger und Jagdaufseher sind im Rahmen ihres Anstellungsvertrags zur Jagdausübung innerhalb ihres Dienstbereichs berechtigt; sie benötigen dazu keinen Jagderlaubnisschein.

Fußnoten

1)

BGBl. FN 792-1

Art. 18
Nichtigkeit von Jagdpachtverträgen und
Jagderlaubnisverträgen

[1] Ein Vertrag, der gegen die Bestimmungen der Art. 15, Art. 16 Abs. 2 und Art. 17 Abs. 1 und 2 verstößt, ist nichtig. [2] Das gleiche gilt für einen Jagdpachtvertrag, der den Vorschriften des Art. 14 Abs. 1 nicht oder wegen Ausscheidens eines Inhabers einer entgeltlichen Jagderlaubnis den Vorschriften des § 11 Abs. 3 des Bundesjagdgesetzes[1] nicht mehr entspricht und dieser Mangel bis zum Beginn des nächsten Jagdjahres nicht behoben wird.

Fußnoten

1)

BGBl. FN 792-1

Art. 19

Erlöschen des Jagdpachtvertrags

Ist die Gültigkeitsdauer eines Jagdscheins abgelaufen, so erlischt der Jagdpachtvertrag oder Jagderlaubnisvertrag im Fall des § 13 Satz 2 des Bundesjagdgesetzes[1] nur dann, wenn der Jagdpächter oder Inhaber der entgeltlichen Dauerjagderlaubnis innerhalb einer von der Jagdbehörde gesetzten angemessenen Frist einen Jahresjagdschein nicht beantragt oder sonstige Voraussetzungen dafür nicht erfüllt.

Fußnoten

1)

BGBl. FN 792-1

Art. 20

Tod des Jagdpächters

[1] Ist beim Tod des Jagdpächters der Erbe nichtjagdpachtfähig (§ 11 Abs. 5 des Bundesjagdgesetzes[1]) oder sind mehrere Erben vorhanden, so sind der Jagdbehörde eine oder mehrere jagdpachtfähige Personen als verantwortlich im Sinn des Art. 7 Abs. 1 Satz 2 zu benennen. [2] Es dürfen nicht mehr Personen als verantwortlich benannt werden, als nach Art. 15 Abs. 1 Jagdpächter sein dürfen.

Fußnoten

1)

IV. Abschnitt

Schutz des Wildes und seiner Lebensräume

Art. 21

Wildschutzgebiete

(1) [1] Flächen, die zum Schutz und zur Erhaltung von Wildarten, zur Wildschadensverhütung oder für die Wildforschung von besonderer Bedeutung sind, können zu Wildschutzgebieten erklärt werden. [2] Das gilt insbesondere für Flächen, auf denen sich das Wild zum Brüten, Setzen oder zur Rast bevorzugt aufzuhalten pflegt, sowie für Bereiche, in denen es gefüttert werden muß.

(2) [1] In Wildschutzgebieten kann das Betreten von Flächen und nichtöffentlichen Wegen zeitweise, insbesondere während der Fortpflanzungs-, Aufzucht- und Mauserzeiten verboten oder beschränkt werden, soweit es der Schutzzweck erfordert. [2] Die ordnungsgemäße land-, forst- und fischereiwirtschaftliche Bodennutzung bleibt grundsätzlich unberührt.

(3) [1] Wildschutzgebiete und die zur Erreichung des Schutzzwecks erforderlichen Gebote und Verbote werden durch Rechtsverordnung der unteren Jagdbehörde im Benehmen mit der unteren Naturschutzbehörde festgelegt. [2] Vor Erlaß der Rechtsverordnung sind die betroffenen Eigentümer oder sonstigen Berechtigten zu hören. [3] Art. 46 Abs. 1, 2, 4 und 5 und Art. 47 des Bayerischen

Naturschutzgesetzes[4] sind sinngemäß anzuwenden.

(4) Die untere Jagdbehörde kann ferner durch Rechtsverordnung oder Einzelanordnung das Betreten von Teilen der freien Natur im erforderlichen Umfang zum Schutz der dem Wild als Nahrungsquellen, Aufzucht-, Brut- und Nistgelegenheiten dienenden Lebensbereiche (Biotope) sowie zur Durchführung der Wildfütterung in Notzeiten und von Gesellschaftsjagden vorübergehend untersagen oder beschränken.

Fußnoten

4)

BayRS 791-1-U

Art. 22

Schutz der Nist-, Brut- und Zufluchtstätten des Wildes

(1) [1] Der Revierinhaber ist befugt, mit Genehmigung der Jagdbehörde Bild- und Schrifttafeln anzubringen, die auf die nach § 19a Satz 1 des Bundesjagdgesetzes[1] geschützten Zuflucht-, Nist-, Brut- und Wohnstätten des Wildes sowie auf die Folgen eines Verstoßes gegen diese Vorschrift (§ 39 Abs. 1 Nr. 5 des Bundesjagdgesetzes) hinweisen. [2] Durch die Hinweistafeln darf das Landschaftsbild nicht verunstaltet werden.

(2) [1] Das Verbot des § 19a Satz 1 des Bundesjagdgesetzes steht einer ordnungsgemäßen land- und forstwirtschaftlichen Bodennutzung sowie der rechtmäßigen Ausübung der Jagd und Fischerei nicht entgegen. [2] Von dem

27

Verbot kann ferner in Einzelfällen zu wissenschaftlichen Zwecken, Lehr- und Forschungszwecken Befreiung erteilt werden.

(3) [1] Verboten ist, die Nester und Gelege des Federwildes zu beschädigen, wegzunehmen oder zu zerstören. [2] Art. 33 Abs. 5 Nr. 1 bleibt unberührt.

Fußnoten

1)

BGBl. FN 792-1

Art. 22a

Schutz kranken und verletzten Wildes

Das Staatsministerium für Ernährung, Landwirtschaft und Forsten wird ermächtigt, durch Rechtsverordnung im Rahmen des § 36 Abs. 2 Nr. 2 und Abs. 3 des Bundesjagdgesetzes[1] Vorschriften über das Aufnehmen, die Pflege und die Aufzucht verletzten oder kranken Wildes und dessen Verbleib zu erlassen; diese Vorschriften können sich auch auf Eier oder sonstige Entwicklungsformen solchen Wildes erstrecken.

Fußnoten

1)

BGBl. FN 792-1

Art. 23

Wildgehege

(1) Wildgehege sind vollständig eingefriedete Grundflächen, auf denen überwiegend sonst wildlebende Tiere, die dem Jagdrecht unterliegen, dauernd oder vorübergehend gehalten oder zu Jagdzwecken gehegt werden.

(2) [1] Die Errichtung, die Erweiterung und der Betrieb von Wildgehegen, in denen Wild zu Jagdzwecken gehegt wird, sind genehmigungspflichtig; für sonstige Wildgehege gilt dies ab einer Mindestgröße von 10 ha. [2] Die Genehmigung erteilt die Jagdbehörde. [3] Diese entscheidet insoweit auch als untere Naturschutzbehörde über die Voraussetzungen des Art. 20a des Bayerischen Naturschutzgesetzes[4]. [4] Die Genehmigung wird durch eine nach anderen Vorschriften zugleich erforderliche behördliche Gestattung ersetzt; ist die zuständige Behörde nicht zugleich Jagdbehörde und Naturschutzbehörde, so entscheidet sie im Einvernehmen mit diesen Behörden.

(3) [1] Die Genehmigung darf nur erteilt werden, wenn

1.

   durch das Wildgehege der Lebensraum der Wildarten außerhalb desselben nicht in unangemessener Weise eingeschränkt wird,

2.

   die Jagdausübung nicht wesentlich beeinträchtigt wird und

3.

   das Wildgehege so gesichert ist, daß die Tiere nicht entweichen können.

[2] Die Errichtung von Wildgehegen, in denen Wild zu Jagdzwecken gehegt wird,

darf außerdem nur genehmigt werden, wenn diese zusammenhängend mindestens die Größe eines Eigenjagdreviers haben und ihre Flächen im Eigentum einer Person oder einer Personengemeinschaft stehen.

(4) [1] Die Genehmigung ist für bestimmte Tierarten zu erteilen. [2] Sie kann mit Nebenbestimmungen versehen werden. [3] Die Jagdbehörde kann auch nachträglich Auflagen anordnen. [4] Sie kann insbesondere die Höchstzahlen der zu haltenden Tiere bestimmen. [5] Das Beseitigungsverfahren richtet sich nach Art. 76 Sätze 1 und 3 der Bayerischen Bauordnung (BayBO)[5] .

(5) [1] Wildgehege, die bei Inkrafttreten des Gesetzes bereits bestehen, sind innerhalb von drei Monaten nach Inkrafttreten dieses Gesetzes bei der Jagdbehörde anzuzeigen. [2] Die Genehmigung gilt als erteilt, wenn das Wildgehege nach anderen gesetzlichen Bestimmungen genehmigt worden ist oder die Jagdbehörde nicht binnen drei Monaten nach Eingang der Anzeige die Genehmigung versagt; mit der Versagung der Genehmigung kann die Beseitigung des Wildgeheges nach Art. 76 Sätze 1 und 3 BayBO angeordnet werden. [3] Soweit diese Maßnahmen enteignend wirken, ist den Betroffenen Entschädigung nach den Vorschriften des Bayerischen Gesetzes über die entschädigungspflichtige Enteignung[6] zu gewähren. [4] Entschädigungspflichtig ist der Freistaat Bayern. [5] Zuständig für die Festsetzung der Entschädigung ist die Kreisverwaltungsbehörde.

(6) [1] Das Staatsministerium für Ernährung, Landwirtschaft und Forsten wird ermächtigt, durch Rechtsverordnung Vorschriften über die Registrierung und die Regulierung der Tierbestände in Wildgehegen sowie über die Gestaltung der Gehegeanlagen zu erlassen. [2] Die Rechtsverordnung ergeht im Einvernehmen

mit dem Staatsministerium für Umwelt und Verbraucherschutz, soweit sie die Gestaltung der Gehegeanlagen betrifft.

Fußnoten

4)

BayRS 791-1-U

5)

BayRS 2132-1-I

6)

BayRS 2141-1-I

Art. 24

Wildpark

(1) [1] Wildgehege, in denen Schalenwild zu Jagdzwecken gehegt und durch Jagdhandlungen genutzt wird, können als Wildpark (§ 20 Abs. 2 des Bundesjagdgesetzes[1)]) anerkannt werden. [2] Das Staatsministerium für Ernährung, Landwirtschaft und Forsten wird ermächtigt, die Voraussetzungen der Anerkennung durch Rechtsverordnung zu regeln.

(2) Die Bezeichnung "Wildpark" darf nur für die nach Absatz 1 Satz 1 anerkannten Wildgehege verwendet werden.

Fußnoten

1)

BGBl. FN 792-1

Art. 25

Wintergatter

[1] Wintergatter sind Wildgehege, in denen Rotwild zur Vermeidung übermäßiger Wildschäden während der Notzeit zur Fütterung gehalten wird. [2] Auf sie finden die Vorschriften des Art. 23 Abs. 2 Satz 1 Halbsatz 1, Sätze 2 bis 4, Abs. 4 Sätze 2, 3 und 5 und Abs. 5 Anwendung. [3] Die Genehmigung darf im übrigen nur erteilt werden, wenn der Verfügungsberechtigte dem Vorhaben zugestimmt hat.

V. Abschnitt

Förderung des Jagdwesens

Art. 26

Mittel und Gegenstand der Förderung

(1) [1] Mit der Gebühr für den Jagdschein wird vom Jagdscheininhaber eine Jagdabgabe erhoben, die vom Staatsministerium für Ernährung, Landwirtschaft und Forsten zur Förderung des Jagdwesens zu verwenden ist. [2] Gefördert sollen insbesondere werden:

1.

    Maßnahmen zur Erhaltung und Verbesserung der Lebensgrundlagen des Wildes,

2.

    Erforschung der Lebens- und Umweltbedingungen der Wildarten,

3.

    Erforschung von Möglichkeiten zur Verhütung und Verhinderung von Wildschäden in der Land-, Forst- und Fischereiwirtschaft,

4.

    das Berufsjägerwesen,

5.

    die Errichtung und der Betrieb von Muster- und Lehrrevieren sowie sonstige Maßnahmen und Einrichtungen zur Information und Aus- und Fortbildung der Jäger, der Jagdvorsteher sowie der für den Vollzug der jagdrechtlichen Vorschriften zuständigen Organe.

(2) [1] Die Höhe der Jagdabgabe beträgt für den Tagesjagdschein und den Einjahresjagdschein die Hälfte der Jagdscheingebühr. [2] Für den Dreijahresjagdschein wird der dreifache Betrag der Jagdabgabe für den Einjahresjagdschein erhoben.

Art. 27

Verfahren

[1] Das Staatsministerium für Ernährung, Landwirtschaft und Forsten entscheidet über die Verteilung der für Zwecke der Forschung und für sonstige zentrale Zwecke zu verwendenden Anteile der Jagdabgabe im Benehmen mit den anerkannten Vereinigungen der Jäger (Art. 51). [2] Es stellt das verbleibende

33

Aufkommen dem Landesjagdverband Bayern e.V. für die Förderung der Jagd zur Verfügung; der Haushalt des Landesjagdverbands Bayern e.V. unterliegt insoweit der Genehmigung des Staatsministeriums für Ernährung, Landwirtschaft und Forsten. [3] Bei der Festlegung der Förderanteile nach den Sätzen 1 und 2 ist der Jagdbeirat der obersten Jagdbehörde anzuhören.

VI. Abschnitt

Jagdausübung

1. Allgemeines

ART. 28

JÄGERPRÜFUNG, FALKNERPRÜFUNG, JAGDSCHEIN

(1) [1] Das Staatsministerium für Ernährung, Landwirtschaft und Forsten wird ermächtigt, durch Rechtsverordnung eine Prüfungsordnung für die Jäger- und Falknerprüfung zu erlassen. [2] In der Prüfungsordnung sind insbesondere die Zulassungsvoraussetzungen, die Grundsätze des Prüfungsverfahrens, die Prüfungsorgane, die Prüfungsanforderungen und die Prüfungsfächer festzulegen. [3] Ferner können Bestimmungen über die Ausbildung der Prüfungsbewerber und über der Jägerprüfung gleichgestellte Prüfungen getroffen werden.[4] Es ist weiter festzulegen, daß die erforderlichen Kenntnisse für die Jagd mit Fallen durch Teilnahme an einem Lehrgang nachzuweisen sind; auf diesen Nachweis kann verzichtet werden, wenn der Prüfungsbewerber bei der Anmeldung zur Jägerprüfung die Erklärung abgibt, auf die Ausübung der

Fallenjagd zu verzichten; der Verzicht kann widerrufen werden, wenn die Teilnahme an einem Lehrgang zu einem späteren Zeitpunkt nachgeholt wird. [5] Soweit die Rechtsverordnung nach Satz 1 Belange des Lebensmittelrechts (Wildbrethygiene), des Tierschutzrechts sowie des Naturschutz- und Landschaftspflegerechts betrifft, ergeht sie im Benehmen mit dem Staatsministerium für Umwelt und Verbraucherschutz.

(2) Der Jahresjagdschein wird als Einjahresjagdschein und als Dreijahresjagdschein erteilt.

(3) [1] Die Erteilung des Jagdscheins ist von dem Nachweis einer ausreichenden Jagdhaftpflichtversicherung (§ 17 Abs. 1 Nr. 4 des Bundesjagdgesetzes) abhängig zu machen. [2] Besteht keine ausreichende Versicherung, so ist ein erteilter Jagdschein unverzüglich der zuständigen Jagdbehörde abzuliefern. [3] Erfährt diese auf andere Weise, daß keine ausreichende Versicherung besteht, so hat sie den Jagdschein unverzüglich nach § 18 Satz 1 des Bundesjagdgesetzes für ungültig zu erklären und einzuziehen. [4] Zuständige Stelle im Sinn des § 158c Abs. 2 des Gesetzes über den Versicherungsvertrag ist die für den Entzug des Jagdscheins zuständige Jagdbehörde. [5] Kennt der Versicherer diese nicht, so ist die Anzeige an die Jagdbehörde zu richten, die den Jagdschein erteilt hat.

2. Jagdbeschränkungen

ART. 29

SACHLICHE GEBOTE UND VERBOTE

(1) Auf krankgeschossenes Wild ist zeitgerecht und fachgemäß nachzusuchen.

(2) Verboten ist - in Ergänzung zu § 19 des Bundesjagdgesetzes[1] -

1.

Wild, insbesondere zur Abrichtung und Prüfung von Jagdhunden, absichtlich
krankzuschießen,

2.

die Jagd auf Wild mit Fanggeräten oder Fangvorrichtungen auszuüben; dies
gilt vorbehaltlich des Art. 29a nicht für die Jagd auf Raubwild und
Wildkaninchen,

3.

die Jagd auf sonstiges Haarwild, mit Ausnahme von Schwarzwild und
Raubwild, zur Nachtzeit (§ 19 Abs. 1 Nr. 4 des Bundesjagdgesetzes)
auszuüben,

4.

die Jagd auf Schalenwild, mit Ausnahme von Schwarzwild, als Treibjagd
auszuüben,

5.

das Wild durch Lappen oder sonstige Mittel zu hindern, aus seinen oder in
seine Tageseinstände zu wechseln,

6.

auf Wild, das durch Überflutungen, Lawinen oder sonstige Naturkatastrophen
in Not geraten oder zum Verlassen der Einstände gezwungen worden ist, die
Jagd auszuüben; dies gilt nicht, soweit die Not des Wildes nur durch
Erlegung beendet werden kann,

7.

die Jagd unter Verwendung von Betäubungs- oder Lähmungsmitteln, Sprengstoffen, Gasen oder von Schußwaffen mit Schalldämpfern auszuüben,

8.

Wild aus Luftfahrzeugen, Kraftfahrzeugen oder maschinengetriebenen Wasserfahrzeugen zu beschießen; das Verbot umfasst nicht das Beschießen von Wild aus Kraftfahrzeugen durch Körperbehinderte mit Erlaubnis der Jagdbehörde.

(3) Die Jagdbehörde kann Ausnahmen zulassen

1.

in besonderen Einzelfällen, insbesondere zur Durchführung von Hegemaßnahmen oder zu wissenschaftlichen Zwecken, von dem Verbot des Absatzes 2 Nr. 2, soweit es sich nicht um die Verwendung von Schlagfallen (Art. 29a) handelt,

2.

in begründeten Einzelfällen von den Verboten der Verwendung von Betäubungs- oder Lähmungsmitteln oder von Schusswaffen mit Schalldämpfern (Abs. 2 Nr. 7),

3.

von dem Verbot des § 19 Abs. 1 Nr. 4 des Bundesjagdgesetzes für die Nachtjagd auf Rotwild, soweit es die Landeskultur erfordert.

(4) Das Verbot des § 19 Abs. 1 Nr. 10 des Bundesjagdgesetzes gilt nicht für Kirrungen.

(5) [1] Das Staatsministerium für Ernährung, Landwirtschaft und Forsten wird ermächtigt, durch Rechtsverordnung die Verbote des § 19 Abs. 1 des

Bundesjagdgesetzes[1]), mit Ausnahme der Nummer 16, zu erweitern oder aus besonderen Gründen, insbesondere aus Gründen der Wildseuchenbekämpfung und Landeskultur, zur Beseitigung kranken oder kümmernden Wildes, zur Vermeidung von übermäßigen Wildschäden, zu wissenschaftlichen Zwecken, Lehr- und Forschungszwecken oder bei Störung des biologischen Gleichgewichts einzuschränken; soweit Federwild betroffen ist, ist die Einschränkung nur aus den in Art. 9 Abs. 1 der Richtlinie 79/409/EWG genannten Gründen und nach den in Art. 9 Abs. 2 dieser Richtlinie genannten Maßgaben zulässig. [2] Unter den gleichen Voraussetzungen kann die Jagdbehörde die Verbote auch durch Einzelanordnung einschränken. [3] Die tierseuchenrechtlichen Vorschriften bleiben unberührt.

Fußnoten

ART. 29A

JAGD MIT FALLEN

(1) [1] Die verwendeten Fallen müssen ihrer Bauart nach Mindestanforderungen erfüllen, die ein sofortiges Töten oder einen unversehrten Lebendfang gewährleisten. [2] Fangeisen dürfen nur verwendet werden, wenn zusätzlich

1.

   ihre Betriebssicherheit regelmäßig überprüft wird und

2.

   sie dauerhaft so gekennzeichnet sind, daß ihr Besitzer feststellbar ist.

(2) [1] Fangeisen dürfen nur in geschlossenen Räumen, Fangbunkern oder Fanggärten, in denen die Schlagfalle nach oben verblendet ist, so aufgestellt werden, daß von ihnen keine Gefährdung von Menschen, geschützten Tieren und

Haustieren ausgeht. [2] Art. 42 Abs. 1 Nr. 2 bleibt unberührt.

(3) Die Verwendung von Schlagfallen ist der Jagdbehörde anzuzeigen.

(4) [1] Das Staatsministerium für Ernährung, Landwirtschaft und Forsten wird ermächtigt, im Einvernehmen mit dem Staatsministerium für Umwelt und Verbraucherschutz das Nähere durch Rechtsverordnung zu regeln. [2] Mit der Durchführung der Lehrgänge (Art. 28 Abs. 1 Satz 4), der Überprüfung der Fangeisen auf ihre Betriebssicherheit, ihrer Kennzeichnung und Registrierung (Absatz 1 Satz 2 Nrn. 1 und 2) kann der Landesjagdverband Bayern e. V. betraut werden; in diesem Fall hat der Landesjagdverband Bayern e. V. oder dessen zuständige Kreisgruppe der Jagdbehörde auf Verlangen die Ergebnisse der Funktionsprüfung sowie die Namen und Anschriften der Besitzer der gekennzeichneten Fangeisen mitzuteilen.

ART. 30

TREIBJAGD, GESELLSCHAFTSJAGD

(1) Treibjagd ist die Jagd, an der neben Schützen mehr als vier Personen als Treiber und Abwehrer teilnehmen.

(2) Gesellschaftsjagd ist die Jagd, an der mehr als vier Personen teilnehmen.

ART. 31

ÖRTLICHE BESCHRÄNKUNGEN

(1) [1] Die Ausübung der Jagd in Nationalparken wird durch Rechtsverordnung nach Art. 8 Abs. 4 des Bayerischen Naturschutzgesetzes[4], in Naturschutzgebieten durch Rechtsverordnung nach den Art. 7 und 45 des Bayerischen Naturschutzgesetzes geregelt. [2] Vorschriften über die Ausübung der Jagd in Wildparken erläßt das Staatsministerium für Ernährung, Landwirtschaft und Forsten durch Rechtsverordnung (§ 20 Abs. 2 des Bundesjagdgesetzes[1]).

(2) [1] In Wintergattern (Art. 25) darf Schalenwild, ausgenommen krankes und kümmerndes Wild, nicht erlegt werden.[2] Ausnahmen können zugelassen werden, wenn dies mit Rücksicht auf das allgemeine Wohl, insbesondere auf die Interessen der Land- und Forstwirtschaft und die Belange des Naturschutzes und der Landschaftspflege notwendig ist.

(3) Die höhere Jagdbehörde kann die Bejagung von Wildarten, die in ihrem Bestand bedroht erscheinen, in bestimmten Gebieten oder in bestimmten Jagdrevieren durch Rechtsverordnung oder durch Anordnung für den Einzelfall dauernd oder zeitweise gänzlich verbieten (§ 21 Abs. 3 des Bundesjagdgesetzes).

Fußnoten

4)

BayRS 791-1-U

ART. 32

REGELUNG DER BEJAGUNG

(1) [1] Der Abschußplan (§ 21 Abs. 2 des Bundesjagdgesetzes[1)]) ist für den Zeitraum von ein bis drei Jahren zahlenmäßig getrennt nach Wildart und Geschlecht vom Revierinhaber im Einvernehmen mit dem Jagdvorstand, bei verpachteten Eigenjagdrevieren im Einvernehmen mit dem Jagdberechtigten aufzustellen und von der Jagdbehörde im Einvernehmen mit dem Jagdbeirat (Art. 50 Abs. 2 und 6) zu bestätigen oder festzusetzen. [2] Bei der Abschußplanung ist neben der körperlichen Verfassung des Wildes vorrangig der Zustand der Vegetation, insbesondere der Waldverjüngung zu berücksichtigen. [3] Den zuständigen Forstbehörden ist vorher Gelegenheit zu geben, sich auf der Grundlage eines forstlichen Gutachtens über eingetretene Wildschäden an forstlich genutzten Grundstücken zu äußern und ihre Auffassung zur Situation der Waldverjüngung darzulegen. [4] Ist zwischen der Jagdbehörde und dem Jagdbeirat ein Einvernehmen nicht zu erzielen, so entscheidet die nächsthöhere Jagdbehörde.

(2) [1] Der Revierinhaber ist verpflichtet, den Abschußplan für Schalenwild notfalls unter Hinzuziehung anderer Jagdscheininhaber zu erfüllen. [2] Die Jagdbehörde trifft die zur Erfüllung des Abschußplans erforderlichen Anordnungen. [3] Die Vorschrift des § 27 Abs. 2 des Bundesjagdgesetzes findet entsprechende Anwendung; Art. 32 Satz 2 des Bayerischen Verwaltungszustellungs- und Vollstreckungsgesetzes gilt nicht.[4] Ein für den Fall der nicht ordnungsgemäßen Erfüllung des Abschußplans angedrohtes Zwangsgeld kann auch beigetrieben werden, wenn nach Ablauf der Jagdzeit feststeht, daß der Abschußplan nicht mehr erfüllt werden kann.

(3) [1] Anordnungen nach Absatz 2 Satz 2 ergehen im Fall des Art. 7 Abs. 4 an den Bevollmächtigten, der auf die Erfüllung des Abschußplans durch die Mitpächter oder die verantwortlichen Personen im Sinn des Art. 7 Abs. 2 hinzuwirken hat. [2] Handlungen des Bevollmächtigten, die zur Erfüllung des Abschußplans erforderlich sind, haben die übrigen Mitpächter oder verantwortlichen Personen zu dulden.

(4) [1] Über erlegtes und verendetes Schalenwild mit Ausnahme des vor Beginn seiner Jagdzeit gefallenen Jungwildes ist

1.

der Jagdbehörde eine schriftliche Abschußmeldung zu erstatten und

2.

eine Streckenliste zu führen, die der Jagdbehörde auf Verlangen jederzeit vorzulegen ist.

[2] Die Jagdbehörde kann vom Revierinhaber verlangen, ihr oder einem von ihr Beauftragten das erlegte Wild oder Teile desselben vorzulegen.

(5) [1] Die Erlegung von krankem Wild außerhalb der Jagdzeiten sowie innerhalb der Jagdzeiten über den Abschußplan hinaus ist der Jagdbehörde unter Angabe der Art der Erkrankung oder Verletzung unverzüglich mitzuteilen. [2] Auf Verlangen ist das erlegte Wild der Jagdbehörde oder einem von ihr Beauftragten vorzuzeigen.

(6) [1] Für bestimmte Jagdreviere können zu wissenschaftlichen Zwecken, Lehr- und Forschungszwecken durch Einzelanordnung Ausnahmen von den Vorschriften über die Hege und Bejagung, insbesondere die zulässige Wilddichte

zugelassen werden. [2] Die Ausnahme darf nur erteilt werden, wenn dadurch weder eine Störung des biologischen Gleichgewichts noch eine Schädigung der Landeskultur zu befürchten ist und wenn der Revierinhaber und der Jagdberechtigte oder die Jagdgenossenschaft zugestimmt haben. [3] Die Zustimmung ist unwiderruflich.

(7) Das Staatsministerium für Ernährung, Landwirtschaft und Forsten wird ermächtigt, durch Rechtsverordnung

1.

nähere Vorschriften über die Abschußplanung sowie über die Bestätigung und Festsetzung der Abschußpläne, ferner über die Überwachung ihrer Durchführung und über die Erzwingung ihrer Erfüllung zu erlassen (§ 21 Abs. 2 Satz 7 des Bundesjagdgesetzes),

2.

Vorschriften über die Erhebung von Daten über die Revierverhältnisse und das erlegte Wild, ferner über die Erhebung des Bestands der Wildarten sowie der Abschuß- und Fangergebnisse zu erlassen,

3.

Gebiete für die Hege und Bejagung von Schalenwild festzulegen, diese Gebiete in Bezirke zu unterteilen, ferner die Jagd- und Forstbehörden zu bestimmen, die für die Abschußplanung in diesen Gebieten zuständig sind und erforderlichenfalls gemeinsame Jagdbeiräte vorzusehen.

(8) Das Staatsministerium für Ernährung, Landwirtschaft und Forsten kann Richtlinien für die Hege und Bejagung des Wildes erlassen.

(9) Ohne Abschußplan bejagt werden darf Schalenwild in Gebieten, in denen die Hege auf Grund einer Verordnung nach Absatz 7 Nr. 3 untersagt ist.

Fußnoten

1)

BGBl. FN 792-1

ART. 33

JAGD- UND SCHONZEITEN

(1) Das Staatsministerium für Ernährung, Landwirtschaft und Forsten wird ermächtigt, durch Rechtsverordnung

1.

Tierarten, die in § 2 Abs. 1 des Bundesjagdgesetzes[1] nicht genannt sind, dem Jagdrecht zu unterstellen und für diese Tierarten Jagdzeiten festzusetzen,

2.

gemäß § 22 Abs. 1 Satz 3 des Bundesjagdgesetzes die Jagdzeiten abzukürzen oder aufzuheben,

3.

(aufgehoben)

4.

(aufgehoben)

(2) Rechtsverordnungen nach Absatz 1 Nr. 1 ergehen im Einvernehmen mit dem Staatsministerium für Umwelt und Verbraucherschutz.

(3) Die höhere Jagdbehörde wird ermächtigt, durch Rechtsverordnung

1.

gemäß § 22 Abs. 1 Satz 3 des Bundesjagdgesetzes für bestimmte Gebiete oder für einzelne Jagdreviere aus besonderen Gründen, insbesondere aus Gründen der Wildseuchenbekämpfung und Landeskultur, zur Beseitigung kranken und kümmernden Wildes, zur Vermeidung von übermäßigen Wildschäden, zu wissenschaftlichen Zwecken, Lehr- und Forschungszwecken, bei Störung des biologischen Gleichgewichts oder der Wildhege die Schonzeiten aufzuheben,

2.

gemäß § 22 Abs. 2 Satz 2 des Bundesjagdgesetzes bei Störung des biologischen Gleichgewichts oder bei schwerer Schädigung der Landeskultur Jagdzeiten festzusetzen,

3.

gemäß § 22 Abs. 3 des Bundesjagdgesetzes aus Gründen der Landeskultur Schonzeiten für Wild gänzlich zu versagen,

4.

gemäß § 22 Abs. 4 Satz 2 des Bundesjagdgesetzes Ausnahmen von dem Jagdverbot in den Setz- und Brutzeiten für Schwarzwild, Wildkaninchen, Fuchs, Ringel- und Türkentaube, Silber- und Lachmöwe sowie für die nach Landesrecht dem Jagdrecht unterstellten Tierarten zu bestimmen.

(4) [1] Rechtsverordnungen nach Absatz 3 werden, wenn eine landeseinheitliche Regelung erforderlich oder zweckmäßig ist, vom Staatsministerium für Ernährung, Landwirtschaft und Forsten erlassen. [2] Solche Rechtsverordnungen setzen entgegenstehende oder inhaltsgleiche Vorschriften der nachgeordneten Jagdbehörden außer Kraft. [3] Haben solche Rechtsverordnungen die Bekämpfung von Wildseuchen zum Gegenstand, so ist das Staatsministerium für Umwelt und Verbraucherschutz zu beteiligen.

(5) Die Jagdbehörde kann

1.

in Einzelfällen für den Lebendfang von Wild Ausnahmen nach § 22 Abs. 1 Satz 4 des Bundesjagdgesetzes und zu wissenschaftlichen, Lehr- und Forschungszwecken oder für Zwecke der Aufzucht und Wiedereinsetzung Ausnahmen nach § 22 Abs. 4 Satz 5 des Bundesjagdgesetzes zulassen und das Sammeln der Eier von Ringel- und Türkentauben sowie von Silber- und Lachmöwen nach § 22 Abs. 4 Satz 6 des Bundesjagdgesetzes erlauben„

2.

Regelungen nach Absatz 3 Nrn. 1 und 2 auch durch Einzelanordnung treffen und gemäß § 22 Abs. 2 Satz 2 des Bundesjagdgesetzes Ausnahmen zulassen,

3.

gemäß § 22 Abs. 4 Satz 3 des Bundesjagdgesetzes im Einzelfall das Aushorsten von Nestlingen und Ästlingen der Habichte für Beizzwecke genehmigen.

Fußnoten

1)

BGBI. FN 792-1

3. Hegebeschränkungen

ART. 34

AUSSETZEN VON TIERARTEN

(1) Als fremd im Sinn des § 28 Abs. 3 des Bundesjagdgesetzes[1] gelten Tierarten, die im Geltungsbereich des Bundesjagdgesetzes bei dessen Inkrafttreten (1. April 1953) freilebend nicht heimisch waren.

(2) [1] Das Aussetzen oder das Ansiedeln fremder Tierarten in der freien Natur ist nur mit vorheriger schriftlicher Genehmigung der Jagdbehörde zulässig. [2] Die Genehmigung darf nur erteilt werden, wenn durch das Aussetzen oder das Ansiedeln eine Störung des biologischen Gleichgewichts oder eine Schädigung der Landeskultur oder Gefahren für die öffentliche Sicherheit nicht zu befürchten sind.

(3) Das Staatsministerium für Ernährung, Landwirtschaft und Forsten wird ermächtigt, durch Rechtsverordnung das Hegen oder Aussetzen weiterer Tierarten im Sinn von § 28 Abs. 4 des Bundesjagdgesetzes, die dem Jagdrecht unterliegen, aus den in Absatz 2 Satz 2 genannten Gründen zu beschränken oder zu verbieten.

Fußnoten

1)

BGBl. FN 792-1

4. Besondere Rechte und Pflichten

bei der Jagdausübung

ART. 35

WEGERECHT

(1) [1] Wer die Jagd ausübt, aber zum Jagdrevier nicht auf einem zum allgemeinen Gebrauch bestimmten Weg oder nur auf einem unzumutbaren Weg gelangen kann, ist zum Betreten fremder Jagdreviere in Jagdausrüstung auch auf einem nicht zum allgemeinen Gebrauch bestimmten Weg (Jägernotweg) befugt, der notfalls durch die Jagdbehörde bestimmt wird. [2] Der Eigentümer des Grundstücks, über das der Jägernotweg führt, kann eine angemessene Entschädigung verlangen, die auf Antrag der Beteiligten durch die Jagdbehörde festgesetzt wird.

(2) Bei Benutzung des Jägernotwegs dürfen Langwaffen nur ungeladen und Hunde nur angeleint mitgeführt werden.

ART. 36

JAGDEINRICHTUNGEN

[1] Der Revierinhaber darf auf land- oder forstwirtschaftlich genutzten Grundstücken besondere, das Eigentum wesentlich beeinträchtigende Anlagen nur mit Einwilligung des Grundstückseigentümers oder Nutzungsberechtigten errichten; die Einwilligung kann durch die Jagdbehörde ersetzt werden, wenn

48

dem Eigentümer des Grundstücks die Duldung der Anlage unter Berücksichtigung der jagdlichen Erfordernisse zumutbar ist. [2] Der Eigentümer des Grundstücks kann eine angemessene Entschädigung verlangen, die auf Antrag eines der Beteiligten durch die Jagdbehörde festgesetzt wird.

ART. 37

WILDFOLGE

(1) [1] Wechselt krankgeschossenes Wild in ein benachbartes Revier, so hat der Jagdausübende den Anschuß und die Stelle des Überwechselns nach Möglichkeit kenntlich zu machen. [2] Außerdem hat er das Überwechseln dem Inhaber des Nachbarreviers oder dessen Vertreter unverzüglich anzuzeigen; das gilt auch für Wild, das aufgrund anderer Ursachen schwer krank oder verletzt ist. [3] Für die Nachsuche hat er sich selbst oder eine mit den Vorgängen vertraute Person zur Verfügung zu stellen.

(2) Ist der Schütze ein Jagdgast, so ist neben diesem auch der Revierinhaber, wenn er vom Überwechseln des krankgeschossenen Wildes Kenntnis erhält, zur Anzeige verpflichtet.

(3) [1] Wechselt krankgeschossenes Wild über die Grenze und ist es für einen sicheren Schuß erreichbar, so ist es vom Jagdausübenden zu erlegen und zu versorgen. [2] Die Pflicht zur Versorgung erstreckt sich auch auf krankgeschossenes Wild, das nach dem Überwechseln in Sichtweite von der Grenze im benachbarten Revier verendet. [3] Langwaffen dürfen beim Überschreiten der Grenze nur ungeladen mitgeführt werden. [4] Das Fortschaffen

des erlegten Schalenwildes ist unzulässig. [5] Das Erlegen ist dem Inhaber des benachbarten Jagdreviers oder dessen Vertreter unverzüglich anzuzeigen. [6] Fortgeschafftes oder vom Hund aus dem Nachbarrevier gebrachtes Wild ist dem Inhaber des Nachbarreviers abzuliefern.

(4) [1] Unbeschadet einer anderweitigen Vereinbarung gehören in den Fällen der Absätze 1 und 3 das Wildbret und die Erinnerungsstücke (Kopfschmuck und Grandeln des Schalenwildes, Waffen des Schwarzwildes) dem Revierinhaber, in dessen Jagdrevier das Wild zur Strecke kommt. [2] Das erlegte Wild ist auf den Abschußplan desjenigen Reviers anzurechnen, in dem es angeschossen wurde.

(5) Über die Vorschriften der Absätze 1, 3 und 4 hinausgehende Vereinbarungen bedürfen der Schriftform.

ART. 38

VERFOLGUNG KRANKEN ODER KRANKGESCHOSSENEN WILDES IN BEFRIEDETEN BEZIRKEN

[1] Die Verfolgung kranken oder krankgeschossenen Wildes im eigenen Jagdrevier ist in Gebieten zulässig, in denen die Jagd ruht oder nur eine beschränkte Jagdausübung gestattet ist. [2] Das gilt nicht für Gebäude, Hofräume und Hausgärten im Sinn von Art. 6 Abs. 1 Nrn. 1 und 2; dem Revierinhaber steht jedoch auch in diesen Fällen das Aneignungsrecht zu; der Grundstückseigentümer oder Nutzungsberechtigte ist zur Herausgabe verpflichtet.

ART. 39

VERWENDUNG VON JAGDHUNDEN

(1) [1] Bei jeder Such-, Drück-, Riegel- und Treibjagd sowie bei jeder Jagdart auf Wasserwild sind brauchbare Jagdhunde in genügender Zahl zu verwenden. [2] Auch der bei einer anderen Jagdart zur Nachsuche verwendete Hund muß brauchbar sein.

(2) Die Jagdbehörde kann dem Revierinhaber die Verpflichtung zur Haltung eines zur Nachsuche brauchbaren Jagdhunds auferlegen.

(3) Das Staatsministerium für Ernährung, Landwirtschaft und Forsten wird ermächtigt, durch Rechtsverordnung Vorschriften über die Feststellung der Brauchbarkeit von Jagdhunden zu erlassen und hierbei Prüfungen vorzuschreiben sowie ihre Durchführung und die Prüfungszulassung zu regeln; mit der Durchführung von Brauchbarkeitsprüfungen und der Feststellung der Brauchbarkeit von Jagdhunden können die anerkannten Vereinigungen der Jäger (Art. 51) betraut werden.

VII. Abschnitt

Jagdschutz

Art. 40

Inhalt des Jagdschutzes; Pflicht zur Ausübung
des Jagdschutzes

(1) Der Jagdschutz umfaßt auch den Schutz des Wildes vor Beeinträchtigungen durch dem Jagdrecht nicht unterliegende Tierarten, soweit diese keinem besonderen Schutz nach Naturschutzrecht unterstellt sind, sowie vor aufsichtslosen Hunden und Katzen.

(2) Der Revierinhaber (Art. 7 Abs. 1 Satz 2) ist verpflichtet, den Jagdschutz (§ 23 des Bundesjagdgesetzes[1]) und Absatz 1) in seinem Jagdrevier auszuüben.

Fußnoten

1)

BGBl. FN 792-1

Art. 41

Jagdschutzberechtigte

(1) Der Revierinhaber kann zum Schutz der Jagd volljährige, zuverlässige Personen als Jagdaufseher anstellen.

(2) [1] Für die Bestätigung von Jagdaufsehern (§ 25 Abs. 1 Satz 1 des Bundesjagdgesetzes[1]) ist die Jagdbehörde zuständig. [2] Die Bestätigung darf nur versagt werden, wenn der Jagdaufseher nicht Inhaber eines gültigen Jahresjagdscheins ist oder Bedenken gegen seine persönliche Zuverlässigkeit

oder fachliche Eignung bestehen.[3] *(aufgehoben)*

(3) Neben dem Revierinhaber und dem bestätigten Jagdaufseher übt den Jagdschutz auch die Bayerische Staatliche Polizei aus, soweit er die Sorge für die Einhaltung der zum Schutz des Wildes erlassenen Vorschriften und den Schutz vor Wilderern umfaßt.

(4) [1] Der Revierinhaber kann auch einem Jagdgast die Ausübung des Jagdschutzes erlauben, soweit er den Schutz des Wildes vor Tieren im Sinn des Art. 40 Abs. 1, vor Futternot und Wildseuchen umfaßt. [2] Art. 17 Abs. 3 gilt sinngemäß.

(5) [1] Die Jagdbehörde kann die Anstellung eines oder mehrerer bestätigter Jagdaufseher verlangen, wenn es zumutbar und zum Jagdschutz notwendig ist oder der Revierinhaber seinen Verpflichtungen zur Hege oder Regulierung des Wildbestands trotz schriftlicher Aufforderung nicht nachkommt. [2] Soweit es Reviergröße, Revierbeschaffenheit oder Wildbestand erfordern, kann die Jagdbehörde auch die Anstellung eines oder mehrerer hauptberuflich angestellter bestätigter Jagdaufseher verlangen. [3] Bei Hochwildrevieren über 1000 ha soll der bestätigte Jagdaufseher Berufsjäger oder forstlich ausgebildet sein. [4] Wer Berufsjäger oder forstlich ausgebildet im Sinn von § 25 Abs. 1 Satz 2 des Bundesjagdgesetzes ist, wird durch Rechtsverordnung des Staatsministeriums für Ernährung, Landwirtschaft und Forsten bestimmt.

(6) [1] Der Revierinhaber und der bestätigte Jagdaufseher sind verpflichtet, bei Ausübung des Jagdschutzes auf Verlangen des Betroffenen sich auszuweisen, und zwar der Revierinhaber durch Vorzeigen seines Jagdscheins, der

Jagdaufseher durch Vorzeigen des Ausweises über seine Bestätigung; dies gilt nicht, wenn die Ausweisung aus Sicherheitsgründen nicht zugemutet werden kann. [2] Die bestätigten Jagdaufseher müssen bei der Ausübung ihrer Tätigkeit außerdem ein Dienstabzeichen tragen. [3] Das Staatsministerium für Ernährung, Landwirtschaft und Forsten erläßt im Einvernehmen mit dem Staatsministerium des Innern, für Bau und Verkehr durch Rechtsverordnung Vorschriften über die Dienstabzeichen.

Fußnoten

1)

BGBl. FN 792-1

Art. 42

Aufgaben und Befugnisse der Jagdschutzberechtigten

(1) Die zur Ausübung des Jagdschutzes berechtigten Personen sind befugt,

1.

Personen, die in einem Jagdrevier unberechtigt jagen oder eine sonstige Zuwiderhandlung gegen jagdrechtliche Vorschriften begehen oder außerhalb der zum allgemeinen Gebrauch bestimmten Wege ohne Berechtigung hierzu zur Jagd ausgerüstet angetroffen werden, zur Feststellung ihrer Personalien anzuhalten und ihnen gefangenes oder erlegtes Wild, Waffen, Jagd- und Fanggeräte, Hunde und Frettchen sowie Beizvögel abzunehmen,

2.

wildernde Hunde und Katzen zu töten. Hunde gelten als wildernd, wenn sie im Jagdrevier erkennbar dem Wild nachstellen und dieses gefährden können. Katzen gelten als wildernd, wenn sie im Jagdrevier in einer Entfernung von mehr als 300 Meter vom nächsten bewohnten Gebäude angetroffen werden. Diese Befugnis erstreckt sich auch auf solche Katzen, die sich in Fallen gefangen haben, die in einer Entfernung von mehr als 300 Meter vom nächsten bewohnten Gebäude aufgestellt worden sind. Sie gilt nicht gegenüber Jagd-, Dienst-, Blinden- und Hirtenhunden, soweit sie als solche kenntlich sind und solange sie von der führenden Person zu ihrem Dienst verwendet werden oder sich aus Anlaß des Dienstes ihrer Einwirkung entzogen haben sowie gegenüber in Fallen gefangenen Katzen, deren Besitzer eindeutig und für den Jagdschutzberechtigten in zumutbarer Weise festgestellt werden können.

(2) Soweit der Revierinhaber einem Jagdgast nach Art. 41 Abs. 4 die Ausübung des Jagdschutzes übertragen hat, stehen diesem die Befugnisse nach Absatz 1 Nr. 2 ebenfalls zu.

(3) Die bestätigten Jagdaufseher, die Berufsjäger oder forstlich ausgebildet sind, haben die Aufgaben und Befugnisse der Naturschutzwacht.

Art. 43

Natürliche Äsung; Fütterung des Wildes

(1) [1] Der Schutz und die Pflege der natürlichen Lebensgrundlagen des Wildes sind Aufgabe des Revierinhabers, der im Einvernehmen mit den Grundstückseigentümern oder Nutzungsberechtigten durch Maßnahmen der Reviergestaltung und Äsungsverbesserung die Voraussetzungen dafür schaffen soll, daß das Wild auch in der vegetationsarmen Zeit natürliche Äsung findet. [2] Auf Grund anderer Vorschriften bestehende Verpflichtungen bleiben unberührt.

(2) [1] Durch die Fütterung des Wildes darf die Verwirklichung des Hegeziels (§ 1 Abs. 2 des Bundesjagdgesetzes[1)]) nicht gefährdet werden. [2] Das Staatsministerium für Ernährung, Landwirtschaft und Forsten wird ermächtigt, durch Rechtsverordnung Vorschriften zur Verhinderung einer mißbräuchlichen Wildfütterung zu erlassen.

(3) [1] Der Revierinhaber ist verpflichtet, in der Notzeit für angemessene Wildfütterung zu sorgen und die dazu erforderlichen Fütterungsanlagen zu unterhalten.[2] Das gilt nicht für Rotwild, das auf Grund einer Rechtsverordnung nach Art. 32 Abs. 7 Nr. 3 nicht gehegt werden darf.

(4) Kommt der Revierinhaber der Verpflichtung nach Absatz 3 trotz Aufforderung durch die Jagdbehörde nicht nach, so kann die Jagdbehörde auf seine Rechnung die Fütterung vornehmen und ausreichende Fütterungsanlagen aufstellen lassen.

Fußnoten

1)

BGBl. FN 792-1

VIII. Abschnitt

Wild- und Jagdschaden

Art. 44

Verhinderung übermäßigen Wildschadens
auf eingezäunten Waldflächen

Zum Schutz von Forstkulturen und forstlichen Verjüngungsflächen, die gegen das Eindringen von Schalenwild mit den üblichen Schutzvorrichtungen (§ 32 Abs. 2 des Bundesjagdgesetzes[1], Art. 47 Nr. 2) versehen sind und deren Größe 10 ha nicht überschreitet, kann die Jagdbehörde nach § 27 des Bundesjagdgesetzes auf Antrag des Grundeigentümers oder Nutzungsberechtigten anordnen, daß der Revierinhaber unabhängig von den Schonzeiten innerhalb einer bestimmten Frist in bestimmtem Umfang eingewechseltes Schalenwild zu erlegen hat.

Fußnoten

1)

BGBl. FN 792-1

Art. 45

Erstattungsausschluß

[1] Wildschaden an Grundflächen, auf denen die Jagd nicht ausgeübt werden darf, ist nicht zu ersetzen. [2] Die Grundflächen bleiben bei der Berechnung der anteiligen Ersatzleistung für den Wildschaden an anderen Grundstücken (§ 29 Abs. 1 Satz 2 des Bundesjagdgesetzes[1]) außer Ansatz.

Fußnoten

1)

Art. 46

Ersatz weiterer Wildschäden

Ist für den ganzen oder teilweisen Verlust der Ernte Ersatz geleistet, so kann wegen eines weiteren Schadens im gleichen Wirtschaftsjahr Ersatz nur verlangt werden, wenn die Neubestellung im Rahmen der üblichen Bewirtschaftung liegt.

Art. 47

Ermächtigungen

Das Staatsministerium für Ernährung, Landwirtschaft und Forsten wird ermächtigt, durch Rechtsverordnung

1.

im Rahmen des § 29 Abs. 4 des Bundesjagdgesetzes[1] die Wildschadensersatzpflicht auf andere Wildarten auszudehnen,

2.

Bestimmungen über die Verpflichtung zur Leistung von Wildschadensersatz in den Fällen des § 32 Abs. 2 Satz 1 des Bundesjagdgesetzes zu erlassen, soweit sie zur Vermeidung unzumutbarer Wildschäden in der Land- und Forstwirtschaft unerläßlich sind, sowie darüber zu erlassen, welche Schutzvorrichtungen als üblich anzusehen sind (§ 32 Abs. 2 Satz 2 des Bundesjagdgesetzes),

3.

Vorschriften über die Erhebung von Daten über die Wildschadenssituation (Art, Ausmaß und regionale Verteilung der Wildschäden) und über geleistete

Wildschadensbeträge zu erlassen.

Fußnoten

1)

BGBl. FN 792-1

Art. 47a

Verfahren in Wild- und Jagdschadenssachen

(1) [1] Wild- und Jagdschäden können im ordentlichen Rechtsweg erst geltend gemacht werden, wenn das Vorverfahren nach § 35 des Bundesjagdgesetzes stattgefunden hat. [2] Das Vorverfahren führt die Gemeinde im eigenen Wirkungskreis durch; im Fall ihrer Beteiligung die Rechtsaufsichtsbehörde. [3] Verspätet angemeldete Ansprüche oder wegen Fehlens eines ersatzfähigen Wild- oder Jagdschadens offensichtlich unbegründete Anträge sind zurückzuweisen. [4] Im Übrigen wird das Vorverfahren mit der Niederschrift über die gütliche Einigung oder, wenn eine solche nicht erreicht wird, mit dem Erlass des Vorbescheids abgeschlossen. [5] Gegen den Zurückweisungs- oder Vorbescheid kann binnen einer Notfrist von vier Wochen nach Zustellung Klage vor den ordentlichen Gerichten erhoben werden. [6] § 23 des Gerichtsverfassungsgesetzes findet Anwendung.

(2) Das Staatsministerium für Ernährung, Landwirtschaft und Forsten wird ermächtigt, durch Rechtsverordnung die Einzelheiten der Anmeldung (§ 34 des Bundesjagdgesetzes) und des Vorverfahrens zu regeln, einschließlich der

Kostentragung und der Zwangsvollstreckung aus der Niederschrift über die gütliche Einigung oder aus dem Vorbescheid.

IX. Abschnitt

Wildhandel

Art. 48
Überwachung des Wildhandels

Das Staatsministerium für Ernährung, Landwirtschaft und Forsten wird ermächtigt, durch Rechtsverordnung im Einvernehmen mit dem Staatsministerium für Umwelt und Verbraucherschutz Vorschriften über die behördliche Überwachung des gewerbsmäßigen Ankaufs, Verkaufs und Tausches sowie der gewerbsmäßigen Verarbeitung von Wildbret und die behördliche Überwachung der Wildhandelsbücher zu erlassen (§ 36 Abs. 2 Nr. 1 des Bundesjagdgesetzes[1]).

Fußnoten

1)

BGBl. FN 792-1

X. Abschnitt

Organisation, Zuständigkeit, Verfahren

Art. 49

Jagdbehörden, Jagdberater

(1) [1] Der Vollzug des Bundesjagdgesetzes[1)], dieses Gesetzes und der auf Grund dieser Gesetze erlassenen Rechtsverordnungen ist grundsätzlich Aufgabe des Staates. [2] Er obliegt den Jagdbehörden. [3] Soweit wesentliche Belange der Land- und Forstwirtschaft berührt sind, sind die Ämter für Ernährung, Landwirtschaft und Forsten zu beteiligen. [4] Soweit wesentliche Belange des Naturschutzes oder der Landschaftspflege berührt werden, sind diejenigen Naturschutzbehörden zu beteiligen, die dem Zuständigkeitsbereich der Jagdbehörde der vergleichbaren Verwaltungsstufe entsprechen.

(2) Jagdbehörden im Sinn dieses Gesetzes sind

1.

das Staatsministerium für Ernährung, Landwirtschaft und Forsten als oberste Jagdbehörde,

2.

die Regierungen als höhere Jagdbehörden,

3.

die Kreisverwaltungsbehörden als untere Jagdbehörden.

(3) [1] Zur laufenden sachverständigen Beratung der Jagdbehörden sind nach Anhörung des Jagdbeirats (Art. 50) ehrenamtliche Berater (Jagdberater) zu

bestellen. [2] Die Jagdberater und je ein Stellvertreter werden aus dem Kreis der Jagdscheininhaber für fünf Jagdjahre widerruflich bestellt. [3] Die Zahl der Jagdberater soll je Behörde zwei nicht überschreiten. [4] Ihre Aufgabe und Stellung innerhalb der Jagdbehörde und die Aufwandsentschädigung werden durch Rechtsverordnung geregelt, die vom Staatsministerium für Ernährung, Landwirtschaft und Forsten zu erlassen ist. [5] In der Regel sollen die Jagdberater kein wichtiges Amt in einer Organisation der im Jagdbeirat vertretenen Interessengruppen bekleiden.

Fußnoten

1)

   BGBl. FN 792-1

Art. 50

Jagdbeirat

(1) Zur Beratung aller Angelegenheiten von grundsätzlicher Bedeutung sowie wichtiger Einzelfragen wird bei jeder Jagdbehörde ein Jagdbeirat (§ 37 Abs. 1 des Bundesjagdgesetzes[1)]) gebildet.

(2) Der Jagdbeirat bei der unteren Jagdbehörde besteht aus deren Vertreter als Vorsitzendem und aus fünf Mitgliedern, nämlich je einem Vertreter der Landwirtschaft, der Forstwirtschaft, der Jagdgenossenschaften, der Jäger und des Natur- und Waldschutzes.

(3) Der Jagdbeirat bei der höheren Jagdbehörde besteht aus deren Vertreter als

Vorsitzendem und aus neun Mitgliedern, nämlich aus zwei der Jagdgenossenschaften und je einem Vertreter der Landwirtschaft, der staatlichen und privaten Forstwirtschaft, der Teich- und Fischereiwirtschaft, der Jäger, des Naturschutzes und Waldschutzes.

(4) [1] Der Jagdbeirat bei der obersten Jagdbehörde besteht aus deren Vertreter als Vorsitzendem und aus 14 Mitgliedern. [2] Von diesen müssen drei den Jagdgenossenschaften, je zwei der Landwirtschaft und den Jägern sowie je ein Mitglied der staatlichen und privaten Forstwirtschaft, den Berufsjägern, der Fischerei, dem Tierschutz, dem Naturschutz und Waldschutz angehören.

(5) [1] Zu den Beratungen des Jagdbeirats können vom Vorsitzenden weitere Sachkundige zugezogen werden. [2] Den Trägern öffentlicher Belange ist auf Verlangen Gelegenheit zur Äußerung zu geben.

(6) [1] Die Mitglieder des Jagdbeirats und je ein Stellvertreter werden durch die Jagdbehörde für fünf Jagdjahre widerruflich bestellt. [2] Sie sind ehrenamtlich tätig. [3] Sie erhalten auf Antrag Ersatz der ihnen bei der Ausübung der Beiratstätigkeit entstandenen notwendigen Auslagen. [4] Ein Verdienstausfall wird nicht ersetzt. [5] Das gleiche gilt für den nach Absatz 5 zugezogenen Sachkundigen. [6] Das Nähere, insbesondere Bestellung, Aufgaben und Aufwandsentschädigung der Beiräte, regelt das Staatsministerium für Ernährung, Landwirtschaft und Forsten durch Rechtsverordnung im Einvernehmen mit dem Staatsministerium der Finanzen, für Landesentwicklung und Heimat.

Fußnoten

1)

Art. 51

Vereinigungen der Jäger

Das Staatsministerium für Ernährung, Landwirtschaft und Forsten wird ermächtigt, durch Rechtsverordnung die Mitwirkung von Vereinigungen der Jäger für die Fälle vorzusehen, in denen Jagdscheininhaber gegen die Grundsätze der Weidgerechtigkeit verstoßen (§ 1 Abs. 3, § 37 Abs. 2 des Bundesjagdgesetzes[1]), ferner Voraussetzungen und Verfahren für die Anerkennung von Vereinigungen der Jäger zu bestimmen und diesen über Art. 39 Abs. 3 hinaus weitere nichthoheitliche Aufgaben auf dem Gebiet des Jagdwesens zu übertragen.

Fußnoten

1)

BGBl. FN 792-1

Art. 52

Sachliche Zuständigkeit

(1) Die oberste Jagdbehörde ist zuständig für

1.

die Anerkennung von Fachinstituten nach § 19 Abs. 3 des Bundesjagdgesetzes[1] ,

2.

die Genehmigung zum Aussetzen oder Ansiedeln fremder Tierarten nach Art. 34 Abs. 2 Satz 1, soweit es sich um Tierarten handelt, die dem Jagdrecht unterliegen; bei anderen Tierarten im Sinn des Art. 34 Abs. 1 entscheidet das Staatsministerium für Umwelt und Verbraucherschutz im Einvernehmen mit dem Staatsministerium für Ernährung, Landwirtschaft und Forsten,

3.

die Bestellung ihres Jagdberaters nach Art. 49 Abs. 3 und ihres Jagdbeirats nach Art. 50 Abs. 4 und 6.

(2) Die höheren Jagdbehörden sind zuständig für

1.

(aufgehoben)

2.

die Anerkennung von Wildgehegen als Wildpark nach Art. 24 Abs. 1 Satz 1,

3.

die Zulassung von Ausnahmen nach Art. 31 Abs. 2 Satz 2 und für die Einzelanordnungen nach Art. 31 Abs. 3,

4.

die Zulassung von Ausnahmen nach Art. 32 Abs. 6 Satz 1,

5.

die Bestellung ihrer Jagdberater nach Art. 49 Abs. 3 und ihrer Jagdbeiräte nach Art. 50 Abs. 3 und 6.

(3) Die unteren Jagdbehörden sind für die übrigen staatlichen Aufgaben auf dem Gebiet des Jagdwesens zuständig, soweit nicht ausdrücklich etwas anderes bestimmt ist.

(4) [1] Die oberste Jagdbehörde kann einzelne der ihr oder den höheren

Jagdbehörden zustehenden Verwaltungsbefugnisse durch Rechtsverordnung auf nachgeordnete Jagdbehörden übertragen. [2] Die oberste Jagdbehörde bestimmt durch Rechtsverordnung das für die Abnahme der Jäger- und Falknerprüfung nach § 15 Abs. 5 Satz 1 und Abs. 7 Satz 1 des Bundesjagdgesetzes zuständige Amt für Landwirtschaft und Forsten.

Fußnoten

1)

BGBl. FN 792-1

Art. 53

Örtliche Zuständigkeit

Die für die Erteilung von Jagdscheinen zuständige Jagdbehörde nimmt auch die Eintragungen nach § 11 Abs. 7 des Bundesjagdgesetzes[1] vor.

Fußnoten

1)

BGBl. FN 792-1

Art. 54

(aufgehoben)

Art. 55

Vorläufige Anordnung

Die Jagdbehörde kann die Ausübung der Jagd und des Jagdschutzes regeln, insbesondere durch einen bestätigten Jagdaufseher für Rechnung der Jagdgenossenschaft, des Jagdberechtigten oder des Revierinhabers vornehmen lassen und die Jagdausübung durch andere verbieten, wenn und solang

1.

für ein Gebiet der verantwortliche Revierinhaber (Art. 7 Abs. 1 Satz 2) nicht festgestellt werden kann oder eine verantwortliche jagdpachtfähige Person nicht benannt wird (Art. 7 Abs. 2 und 3, Art. 20),

2.

der Revierinhaber durch ein Verbot nach § 41a des Bundesjagdgesetzes[1] oder Art. 57 gehindert ist, die Jagd auszuüben, oder wenn und solang der Revierinhaber oder die an seiner Stelle verantwortliche Person der Verantwortung nach Art. 7 Abs. 1 trotz wiederholter Aufforderung weiterhin zuwiderhandelt,

3.

im Fall des Art. 7 Abs. 4 nach zweimaliger Aufforderung der Jagdbehörde ein Mitpächter oder eine verantwortliche Person im Sinn von Art. 7 Abs. 2 nicht als Bevollmächtigter benannt wird und die Mitpächter oder die verantwortlichen Personen ihren Verpflichtungen gegenüber der Jagdbehörde gemeinsam nicht nachkommen; mit der Ausübung der Jagd und des Jagdschutzes kann auch ein Mitpächter oder eine verantwortliche Person beauftragt werden,

4.

ein bestätigter Jagdaufseher oder Berufsjäger auf Verlangen der Jagdbehörde nicht angestellt wird (Art. 41 Abs. 5),

5.

67

nach Beendigung eines Jagdpachtvertrags die Jagd oder der Jagdschutz nicht ausgeübt wird,

6.

während eines Beanstandungsverfahrens der Jagdpächter die Jagd nach § 12 Abs. 4 des Bundesjagdgesetzes nicht ausüben darf,

7.

über die Rechtsgültigkeit oder Beendigung des Jagdpachtvertrags ein Rechtsstreit anhängig ist oder trotz befristeter Aufforderung der Vertragsparteien durch die Jagdbehörde nicht anhängig gemacht wird; die Aufforderung ist ohne Rücksicht darauf zulässig, ob zwischen den Vertragsparteien Meinungsverschiedenheiten über die Gültigkeit des Jagdpachtvertrags bestehen.

Fußnoten

1)

BGBl. FN 792-1

XI. Abschnitt

Ahndungsvorschriften

Art. 56

Ordnungswidrigkeiten

(1) Mit Geldbuße bis zu fünftausend Euro kann belegt werden, wer

1.

vorsätzlich oder fahrlässig einer vollziehbaren Anordnung nach Art. 21 Abs. 4 zuwiderhandelt,

2.

entgegen Art. 22 Abs. 3 Satz 1 die Nester und Gelege des Federwildes beschädigt, wegnimmt oder zerstört,

3.

vorsätzlich oder fahrlässig entgegen Art. 23 Abs. 2 Satz 1, Abs. 4 Sätze 2 bis 4, Art. 25 Satz 2 Wildgehege oder Wintergatter errichtet, erweitert oder betreibt,

3a.

vorsätzlich oder fahrlässig die Jagd mit Fallen ausübt, ohne den erforderlichen Nachweis der Kenntnisse über die Ausübung der Jagd mit Fallen zu besitzen,

4.

entgegen Art. 29 Abs. 1, Abs. 2 Nrn. 2 bis 7 und Art. 29a Abs. 1 Satz 2, Abs. 2 Satz 1 und Abs. 3

a)

als Jagdausübender eine zeitgerechte und fachgemäße Nachsuche auf krankgeschossenes Wild weder selbst durchführt noch veranlaßt,

b)

die Jagd auf Wild mit Fanggeräten oder Fangvorrichtungen ausübt,

c)

die Jagd auf sonstiges Haarwild zur Nachtzeit ausübt,

d)

die Jagd auf Schalenwild, mit Ausnahme von Schwarzwild, als Treibjagd ausübt,

e)

das Wild durch Lappen oder sonstige Mittel hindert, aus seinen oder in seine Tageseinstände zu wechseln,

f)

die Jagd auf Wild ausübt, das durch Naturkatastrophen in Not geraten oder zum Verlassen der Einstände gezwungen worden ist,

g)

die Jagd unter Verwendung von Betäubungs- oder Lähmungsmitteln, Sprengstoffen, Gasen, elektrischem Strom oder von Schußwaffen mit Schalldämpfern ausübt oder

h)

Fangeisen verwendet, deren Betriebssicherheit nicht überprüft ist oder die nicht dauerhaft gekennzeichnet sind, Fangeisen außerhalb geschlossener Räume oder Fangbunker oder Fanggärten aufstellt oder nicht ordnungsgemäß verblendet oder die Verwendung von Schlagfallen nicht der Jagdbehörde anzeigt,

5.

entgegen Art. 31 Abs. 2 Satz 1 Schalenwild in Wintergattern erlegt,

6.

vorsätzlich oder fahrlässig entgegen Art. 32 Abs. 2 Satz 1, Abs. 4 oder 5

a)

den Abschußplan für Schalenwild nicht ordnungsgemäß erfüllt,

b)

die schriftliche Abschußmeldung oder die Streckenliste nicht ordnungsgemäß erstattet oder führt oder diese der Jagdbehörde auf Verlangen nicht vorzeigt oder

c)

der Jagdbehörde den Abschuß von krankem Wild über den Abschußplan hinaus oder während der Schonzeit nicht unverzüglich mitteilt oder ihr oder einem von ihr Beauftragten das erlegte Wild auf Verlangen nicht vorzeigt,

7.

(aufgehoben)

8.

vorsätzlich oder fahrlässig entgegen Art. 37 Abs. 1, 2 oder 3

a)

es unterläßt, das Überwechseln von krankgeschossenem Wild dem Inhaber des Nachbarreviers oder dessen Vertreter unverzüglich anzuzeigen oder

b)

beim Überschreiten der Grenze geladene Langwaffen mit sich führt, Wild fortschafft, das Erlegen nicht unverzüglich anzeigt oder Wild dem Inhaber des Nachbarreviers nicht abliefert,

9.

vorsätzlich oder fahrlässig entgegen Art. 39 Abs. 1 bei der Such-, Drück-, Riegel- oder Treibjagd oder bei der Jagd auf Wasserwild sowie bei der Nachsuche auf krankgeschossenes Wild brauchbare Jagdhunde nicht verwendet,

10.

(aufgehoben)

11.

ohne Begleitung oder schriftliche Erlaubnis des Revierinhabers aufsichtslosen Hunden oder Katzen mit der Schußwaffe nachstellt oder solche erlegt,

12.

(aufgehoben)

13.

vorsätzlich oder fahrlässig entgegen Art. 43 Abs. 3 Satz 1 seiner Verpflichtung, in der Notzeit für angemessene Wildfütterung zu sorgen und die dazu erforderlichen Fütterungsanlagen zu unterhalten, nicht nachkommt,

14.

einer vollziehbaren Anordnung nach Art. 55 über die Ausübung der Jagd und des Jagdschutzes zuwiderhandelt,

15.

vorsätzlich oder fahrlässig den Vorschriften einer auf Grund der Art. 21, 22a, 23 Abs. 7, Art. 29 Abs. 5 Satz 1, Art. 29a Abs. 4 Satz 1, Art. 31 Abs. 1 Satz 2 und Abs. 3, Art. 32 Abs. 7, Art. 33 Abs. 1 Nr. 4, Art. 34 Abs. 3, Art. 43 Abs. 2 Satz 2, Art. 47 Nr. 3 und Art. 48 erlassenen Rechtsverordnung, die für einen bestimmten Tatbestand auf diese Bußgeldvorschrift verweist, zuwiderhandelt,

16.

(aufgehoben)

(2) Mit Geldbuße kann belegt werden, wer

1.

(aufgehoben)

2.

entgegen Art. 16 Abs. 3, auch in Verbindung mit Art. 17 Abs. 2 Satz 1, der Jagdbehörde beim Erwerb des Jagdscheins unrichtige Angaben macht,

3.

vorsätzlich oder fahrlässig entgegen Art. 17 Abs. 3 als Jagdgast ohne Begleitung eines Revierinhabers, eines angestellten Jägers oder Jagdaufsehers die Jagd ausübt, ohne den Erlaubnisschein bei sich zu führen, oder diesen dem Jagdschutzberechtigten auf Verlangen nicht zur Prüfung aushändigt,

4.

(aufgehoben)

5.

einer vollziehbaren Anordnung nach Art. 32 Abs. 4 Satz 2 über den körperlichen Nachweis der Erfüllung des Abschußplans zuwiderhandelt,

6.

entgegen Art. 35 Abs. 2 bei der Benutzung eines Jägernotwegs geladene Langwaffen oder nichtangeleinte Hunde mitführt,

7.

trotz Aufforderung des Berechtigten Jagdeinrichtungen nicht verläßt,

8.

trotz Abmahnung durch den Berechtigten die Jagdausübung dadurch vereitelt, daß er, ohne die Land-, Forst- oder Fischereiwirtschaft auszuüben, das Wild vergrämt,

9.

Hunde in einem Jagdrevier unbeaufsichtigt frei laufen läßt,

10.

entgegen Art. 41 Abs. 6 Satz 1 als Revierinhaber oder bestätigter Jagdaufseher bei Ausübung des Jagdschutzes auf Verlangen des Betroffenen sich nicht ausweist,

11.

entgegen Art. 42 Abs. 1 Nr. 1 und Abs. 3, auch in Verbindung mit Art. 43 Abs. 3 Nr. 1 des Bayerischen Naturschutzgesetzes[4], der Aufforderung eines für das Jagdrevier zuständigen Jagdschutzberechtigten, Angaben über die Person zu machen, nicht oder nicht richtig nachkommt, soweit die Tat nicht nach § 111 des Gesetzes über Ordnungswidrigkeiten[8] mit Geldbuße bedroht ist,

12.

a)

vorsätzlich oder fahrlässig an Orten, an denen ihm die Ausübung des Jagdrechts nicht zusteht, Besitz an lebendem oder verendetem Wild oder an Fallwild und Abwurfstangen sowie Eiern des dem Jagdrecht unterliegenden Federwildes erlangt und diese Gegenstände nicht binnen drei Tagen entweder dem Revierinhaber (Art. 7 Abs. 1) oder der nächsterreichbaren Polizeidienststelle abliefert oder den Sachverhalt anzeigt,

b)

als Führer eines Fahrzeugs Schalenwild (§ 2 Abs. 3 des

Bundesjagdgesetzes[1]) durch An- oder Überfahren verletzt oder tötet und dies nicht unverzüglich einer der in Buchstabe a genannten Stellen anzeigt.

Fußnoten

4)

BayRS 791-1-U

8)

BGBl. FN 454-1

Art. 57

Verbot der Jagdausübung

(1) Wird gegen jemanden wegen einer Ordnungswidrigkeit nach Art. 56, die er unter grober oder beharrlicher Verletzung der Pflichten bei der Jagdausübung begangen hat, eine Geldbuße festgesetzt, so kann ihm in der Entscheidung für die Dauer von einem Monat bis zu sechs Monaten verboten werden, die Jagd auszuüben.

(2) [1] Das Verbot der Jagdausübung wird mit der Rechtskraft der Entscheidung wirksam. [2] Für seine Dauer wird ein erteilter Jagdschein amtlich verwahrt. [3] Wird er nicht freiwillig herausgegeben, so ist er zu beschlagnahmen.

(3) [1] Ist ein Jagdschein amtlich zu verwahren, so wird die Verbotsfrist erst von dem Tag an gerechnet, an dem dies geschieht. [2] In die Verbotsfrist wird die Zeit nicht eingerechnet, in welcher der Täter auf behördliche Anordnung in einer Anstalt verwahrt wird.

(4) Über den Beginn der Verbotsfrist nach Absatz 3 Satz 1 ist der Täter im Anschluß an die Verkündung der Entscheidung oder bei deren Zustellung zu belehren.

Art. 58

Einziehung

[1] Die durch eine Ordnungswidrigkeit nach Art. 56 gewonnenen oder erlangten oder die zu ihrer Begehung gebrauchten oder dazu bestimmten Gegenstände einschließlich der bei der Ordnungswidrigkeit verwendeten Verpackungs- und Beförderungsmittel können eingezogen werden. [2] Es können auch Gegenstände eingezogen werden, auf die sich die Ordnungswidrigkeit bezieht. [3] § 23 des Gesetzes über Ordnungswidrigkeiten[8)] ist anzuwenden.

Fußnoten

8)

BGBl. FN 454-1

XII. Abschnitt

Übergangs- und Schlußvorschriften

Art. 59

Enteignende Maßnahmen

(1) Hat eine Behörde auf Grund dieses Gesetzes eine Maßnahme getroffen, die eine Enteignung darstellt oder einer solchen gleichkommt, insbesondere weil sie eine wesentliche Nutzungsbeschränkung darstellt, so ist dem Eigentümer oder dem sonstigen Berechtigten nach den Vorschriften des Bayerischen Gesetzes über die entschädigungspflichtige Enteignung[6] Entschädigung in Geld zu leisten.

(2) [1] Der Grundstückseigentümer kann verlangen, daß der Entschädigungspflichtige das Grundstück übernimmt, soweit es ihm infolge der enteignenden Maßnahme wirtschaftlich nicht mehr zumutbar ist, das Grundstück zu behalten oder es in der bisherigen oder in einer anderen zulässigen Art zu nutzen. [2] Kommt eine Einigung über die Übernahme des Grundstücks nicht zustande, kann der Eigentümer das Enteignungsverfahren beantragen; im übrigen gelten die Vorschriften des Bayerischen Gesetzes über die entschädigungspflichtige Enteignung sinngemäß.

Fußnoten

6)

BayRS 2141-1-I

76

Art. 60

(aufgehoben)

Art. 61

Ausführungsvorschriften

Das Staatsministerium für Ernährung, Landwirtschaft und Forsten erläßt im Einvernehmen mit den beteiligten Staatsministerien die zum Vollzug dieses Gesetzes erforderlichen Ausführungsvorschriften und die Rechtsverordnungen, die das Bundesjagdgesetz[1)] und seine Ausführungsvorschriften den Ländern vorbehalten.

Fußnoten

1)

BGBl. FN 792-1

Art. 62

Verweisungen auf aufgehobene Vorschriften

Soweit in anderen Gesetzen und Verordnungen auf durch dieses Gesetz aufgehobene Vorschriften verwiesen wird, treten die entsprechenden Vorschriften dieses Gesetzes an ihre Stelle.

Art. 63

(Änderungsbestimmung)

Art. 64

Inkrafttreten; Aufhebung von Vorschriften

(1) Dieses Gesetz tritt am 1. Januar 1979 in Kraft[9] .

(2) und (3) *(gegenstandslos)*

(4) *(aufgehoben)*

Fußnoten

9)

Betrifft die ursprüngliche Fassung vom 13. Oktober 1978 (GVBl. S. 678)